Ademir Barbosa Júnior
(Dermes)

SARAVÁ

Oxum

© 2019, Editora Anúbis

Revisão:
Tânia Hernandes

Projeto gráfico e capa:
Edinei Gonçalves

Dados Internacionais de Catalogação na Publicação (CIP)
(Câmara Brasileira do Livro, SP, Brasil)

Barbosa Júnior, Ademir
  Saravá Oxum / Ademir Barbosa Júnior (Dermes). -- São Paulo: Anubis, 2014.

  Bibliografia.
  ISBN 978-85-67855-17-2

  1. Oxum (Culto) 2. Umbanda (Culto) 3. Orixás I. Título.

14-04707   CDD-299.67

Índices para catálogo sistemático:
1. Orixás : Culto : Religiões de origem
africana   299.67

São Paulo/SP – República Federativa do Brasil
Printed in Brazil – Impresso no Brasil

Este livro segue as novas regras do Acordo Ortográfico da Língua Portuguesa.

Os direitos de reprodução desta obra pertencem à Editora Anúbis. Portanto, não é permitida a reprodução total ou parcial desta obra, de qualquer forma ou por qualquer meio eletrônico, mecânico, inclusive por meio de processos xerográficos, incluindo ainda o uso da internet, sem a permissão expressa por escrito da Editora (Lei n? 9.610, de 19.2.98).

Distribuição exclusiva
Aquaroli Books
Rua Curupá, 801 – Vila Formosa – São Paulo/SP
CEP 03355-010 – Tel.: (11) 2673-3599
atendimento@aquarolibooks.com.br

Oxum

Para Gerônimo Santana, Vevé Calazans (*in memoriam*) e Norma Cardins, minha tia e uma das idealizadoras do Memorial de Mãe Menininha do Gantois.

Ora ye ye o!

Axé!

Oxum

Oxum sempre me faz chorar
Águas e mágoas,
Lágrimas e milagres.
Bom dia, mãe!
Ora ye ye o!
Água entre lajes,
Rio entre pedras,
Cachoeira
Do fundo do rio.
O cheiro de flores,
O balaio de amores,
A doçura que emerge
E vem para a margem
Até minhas mãos.

O cuidado,
O carinho,
A fala macia,
A graça no andar
De quem pisa em pétalas
Mesmo que debaixo delas
Haja fogo, haja pedra.
Oxum dentro do rio
É outro rio
Onde eu, peixe e seu filho,
Nado e renasço.
Bom dia, mãe!
Ora ye ye o!

Ademir Barbosa Júnior
(Dermes)

Sumário

Prece de Cáritas 11
Hino de Umbanda 13
Pai Nosso Umbandista 15
Credo Umbandista 17
Salmo 23 na Umbanda 19
Introdução 21
Orixá 25
Candomblé 31
Umbanda 39
Diversidade 51
Oxum 57
Cores 65
Símbolos 67
Sincretismo 71
Comidas e bebidas 77
Corpo humano e chacras 79
Elemento e ponto de força 85
Incompatibilidades 87
Ervas e flores 89
Planetas 93
Algumas qualidades 95
Registros 97

Orações 117
Legislação 127
Bibliografia. 131
O autor 141

Prece de Cáritas

DEUS, nosso Pai, que sois todo poder e bondade, dai força àquele que passa pela provação; dai a luz àquele que procura a verdade, pondo no coração do homem a compaixão e a caridade.

Deus, dai ao viajor a estrela guia; ao aflito, a consolação; ao doente, o repouso. Pai, dai ao culpado o arrependimento; ao espírito, a verdade; à criança, o guia; ao órfão, o pai.

Senhor, que a vossa bondade se estenda sobre tudo o que criaste.

Piedade, Senhor, para aqueles que não vos conhecem; esperança para aqueles que sofrem.

Que a vossa bondade permita aos espíritos consoladores derramarem por toda parte a paz, a esperança e a fé.

Deus, um raio, uma faísca do Vosso Amor pode abrasar a Terra.

Deixa-nos beber nas fontes dessa bondade fecunda e infinita e todas as lágrimas secarão, todas as dores acalmar-se-ão.

Um só coração, um só pensamento subirá até Vós como um grito de reconhecimento e amor.

Como Moisés sobre a montanha, nós Vos esperamos com os braços abertos.

Oh! Poder... Oh! Bondade... Oh! Beleza... Oh! Perfeição... E queremos de alguma sorte alcançar a Vossa Misericórdia.

Deus, dai-nos a força de ajudar o progresso a fim de subirmos até Vós.

Dai-nos a caridade pura; dai-nos a fé e a razão; dai-nos a simplicidade que fará de nossas almas o espelho onde deve refletir a Vossa Santa e Misericordiosa Imagem.

Hino de Umbanda

Refletiu a luz divina
em todo seu esplendor;
é do Reino de Oxalá
onde há Paz e Amor.

Luz que refletiu na terra,
luz que refletiu no mar,
luz que veio de Aruanda
para tudo iluminar.

A Umbanda é Paz e Amor,
é um mundo cheio de luz...
é a força que nos dá vida
e à grandeza nos conduz.

Avante, filhos de fé
como a nossa Lei não há...
levando ao mundo inteiro
a bandeira de Oxalá.

Pai Nosso Umbandista

Pai nosso que estás nos céus, nas matas, nos mares e em todos os mundos habitados.

Santificado seja o teu nome, pelos teus filhos, pela natureza, pelas águas, pela luz e pelo ar que respiramos.

Que o teu reino, reino do bem, do amor e da fraternidade, nos una a todos e a tudo que criaste, em torno da sagrada cruz, aos pés do Divino Salvador e Redentor.

Que a tua vontade nos conduza sempre para o culto do Amor e da Caridade.

Dá-nos hoje e sempre a vontade firme para sermos virtuosos e úteis aos nossos semelhantes.

Dá-nos hoje o pão do corpo, o fruto das matas e a água das fontes para o nosso sustento material e espiritual.

Perdoa, se merecermos, as nossas faltas e dá-nos o sublime sentimento do perdão para os que nos ofendem.

Não nos deixes sucumbir, ante a luta, dissabores, ingratidões, tentações dos maus espíritos e ilusões pecaminosas da matéria.

Envia, Pai, um raio de tua Divina complacência, Luz e Misericórdia para os teus filhos pecadores que aqui habitam, pelo bem da humanidade.

Que assim seja, em nome de Olorum, Oxalá e de todos os mensageiros da Luz Divina.

Credo Umbandista

Creio em Deus, onipotente e supremo.

Creio nos Orixás e nos Espíritos Divinos que nos trouxeram para a vida por vontade de Deus. Creio nas falanges espirituais, orientando os homens na vida terrena.

Creio na reencarnação das almas e na justiça divina, segundo a lei do retorno.

Creio na comunicação dos Guias Espirituais, encaminhando-nos para a caridade e para a prática do bem.

Creio na invocação, na prece e na oferenda, como atos de fé e creio na Umbanda, como religião redentora, capaz de nos levar pelo caminho da evolução até o nosso Pai Oxalá.

Salmo 23 na Umbanda

Oxalá é meu Pastor, nada me faltará.

Deitar-me faz nos verdes campos de Oxóssi.

Guia-me, Pai Ogum, mansamente nas águas tranquilas de Mãe Nanã Buruquê.

Refrigera minha alma meu Pai Obaluaê.

Guia-me, Mãe Iansã, pelas veredas da Justiça de Xangô.

Ainda que andasse pelo Vale das Sombras e da Morte de meu Pai Omulu, eu não temeria mal algum, porque Zambi está sempre comigo.

A tua vara e o teu cajado são meus guias na direita e na esquerda.

Consola-me, Mamãe Oxum.

Prepara uma mesa cheia de Vida perante mim, minha Mãe Iemanjá.

Exu e Pombagira, vos oferendo na presença de meus inimigos.

Unge a minha coroa com o óleo consagrado a Olorum, e o meu cálice, que é meu coração, transborda.

E certamente a bondade e a misericórdia de Oxalá estarão comigo por todos os dias.

E eu habitarei na casa dos Orixás, que é Aruanda, por longos dias!

Que assim seja!

SARAVÁ!

Introdução

Falar sobre Orixá nunca é fácil, pois o Orixá é sentido e vivido em inúmeras nuanças no cotidiano. Por esse motivo, tenho publicado livros e artigos e produzido DVDs sobre a temática dos Orixás não apenas com os instrumentos do pesquisador, mas, sobretudo, com o apoio da Espiritualidade, por meio de tantos Amigos visíveis e invisíveis. O objetivo nunca é dar a palavra final – pelo contrário, é direcionar o diálogo para sua amplitude e profundidade.

Escrever sobre Oxum é sentir e escrever sobre o Amor.

Em termos de registro da tradição, da resistência, do sincretismo, do diálogo e da (auto)afirmação, muitos são os autores que produziram obras preciosas, alguns presentes na bibliografia deste trabalho.

Agradeço a Deus, aos Sagrados Orixás, aos Guias e Guardiões; ao Caboclo Pena Branca, que me mostra o caminho; à Babá Paula, à Mãe Pequena e minha "Madlinha" Vânia, que me ajudam a trilhá-lo; à Babá e também minha Madrinha Marissol Nascimento, presidente da Federação de Umbanda e Candomblé Mãe Senhora Aparecida, pela confiança e pelo amor; a todos os irmãos da Tenda de Umbanda Caboclo Pena Branca e Mãe Nossa Senhora Aparecida, casa da qual sou filho; a Iya Senzaruban, dirigente do Ilê Iya Tunde, casa por onde passei, há alguns anos; a Sávio Gonçalves, irmão de Mucuiú, irmão de Saravá; à Mara Tozatto e Karina Andrade, amigas da Rádio Mundo Aruanda; a meus pais Ademir e Laís; a minha irmã Arianna; à querida Tia Nair Barbosa, dirigente espiritual do antigo Terreiro Caboclo Sete Flechas (Rua Almirante Barroso), de Piracicaba, aonde eu ia pequenininho (A primeira vez que vi o mar foi numa festa de Iemanjá, com o povo dessa casa.) e à querida amiga Norma Cardins, uma das responsáveis pela criação do Memorial de Mãe Menininha, no Gantois, e uma de minhas cicerones pelas ruas de Salvador (BA) em muitas de minhas passagens e estadas naquela que é uma de minhas cidades no mundo.

Gratidão especial a todo elenco, à equipe técnica e aos responsáveis pela trilha do curta-metragem "Mãe dos Peixes, Rainha do Mar" (Bom Olhado Produções, 2013).

Axé!

Ademir Barbosa Júnior
(Dermes)

Oh, Virgem Mãe Imaculada!
Senhora da Conceição,
Livrai-me dos inimigos
Na hora da concentração.

(Ponto que a Mãe Pequena Vânia Rodrigues sempre pede para ser cantado na abertura dos trabalhos. Ora ye ye o! Salve Nossa Senhora Aparecida! Axé!)

Orixá

A fim de não estender muito o possível debate dialógico, este capítulo procurará apresentar uma visão geral dos Orixás sem alongar-se nas diferenças de conceitos entre Candomblé e Umbanda.

Etimologicamente e em tradução livre, Orixá significa "a divindade que habita a cabeça" (Em iorubá, "ori" é cabeça, enquanto "xá", rei, divindade.), e é associado comumente ao diversificado panteão africano, trazido à América pelos negros escravos. A Umbanda Esotérica, por sua vez, reconhece no vocábulo Orixá a corruptela de "Purushá", significando "Luz do Senhor" ou "Mensageiro do Senhor".

Cada Orixá relaciona-se a pontos específicos da natureza, os quais são também pontos de força de sua atuação. O mesmo vale para os chamados quatro elementos: fogo, terra, ar e água.

Portanto, os Orixás são agentes divinos, verdadeiros ministros da Divindade Suprema (Deus, Princípio Primeiro, Causa Primeira etc.), presentes nas mais diversas culturas e tradições espirituais/religiosas, com nomes e cultos diversos, como os Devas indianos.

Visto que o ser humano e seu corpo estão em estreita relação com o ambiente (O corpo humano em funcionamento contém em si água, ar, componentes associados a terra, além de calor, relacionado ao fogo.), seu Orixá pessoal tratará de cuidar para que essa relação seja a mais equilibrada possível.

Tal Orixá, Pai ou Mãe de Cabeça, é conhecido comumente como Eledá e será responsável pelas características físicas, emocionais, espirituais etc. de seu filho, de modo a espelhar nele os arquétipos de suas características, encontrados nos mais diversos mitos e lendas dos Orixás. Auxiliarão o Eledá nessa tarefa outros Orixás, conhecidos como Juntós, ou Adjuntós, conforme a ordem de influência, e ainda outros.

Na chamada "coroa de um médium de Umbanda" ainda aparecem os Guias e as Entidades, em trama e enredo bastante diversificados. Embora, por exemplo, geralmente se apresente para cada médium um Preto-Velho, há outros que o auxiliam, e esse mesmo Preto-Velho poderá, por razões diversas, dentre elas missão cumprida, deixar seu médium e partir para outras missões, inclusive em outros planos.

De modo geral, a Umbanda não considera os Orixás que descem ao terreiro como energias e/ou forças supremas desprovidas de inteligência e individualidade.

Para os africanos, e tal conceito reverbera fortemente no Candomblé, Orixás são ancestrais divinizados, que incorporam conforme a ancestralidade, as afinidades e a coroa de cada médium.

No Brasil, teriam sido confundidos com os chamados Imolês, isto é, Divindades Criadoras, acima das quais aparece um único Deus: Olorum ou Zâmbi.

Na linguagem e concepção umbandistas, portanto, quem incorpora numa gira de Umbanda não são os Orixás propriamente ditos, mas seus falangeiros, em nome dos próprios

Orixás. Tal concepção está de acordo com o conceito de ancestral (espírito) divinizado (e/ou evoluído) vivenciado pelos africanos que para cá foram trazidos como escravos.

Mesmo que essa visão não seja consensual (Há quem defenda que tais Orixás já encarnaram, enquanto outros segmentos umbandistas – a maioria, diga-se de passagem – rejeitam esse conceito.), ao menos se admite no meio umbandista que o Orixá que incorpora possui um grau adequado de adaptação à energia dos encarnados, o que seria incompatível para os Orixás hierarquicamente superiores.

Na pesquisa feita por Miriam de Oxalá a respeito da ancestralidade e da divinização de ancestrais, aparece, dentre outras fontes, a célebre pesquisadora Olga Guidolle Cacciatore, para quem,

> *[...] os Orixás são intermediários entre Olórun, ou melhor, entre seu representante (e filho) Oxalá e os homens. Muitos deles são antigos reis, rainhas ou heróis divinizados, os quais representam as vibrações das forças elementares da Natureza – raios, trovões, ventos, tempestades, água, fenômenos naturais como o arco-íris, atividades econômicas primordiais do homem primitivo – caça, agricultura – ou minerais, como o ferro que tanto serviu a essas atividades de sobrevivência, assim como às de extermínio na guerra. [...]*

Entretanto, e como o tema está sempre aberto ao diálogo, à pesquisa, ao registro de impressões, conforme observa o médium umbandista e escritor Norberto Peixoto, é possível incorporar a forma-pensamento de um Orixá, a qual é plasmada e mantida pelas mentes dos encarnados. Em suas palavras,

[...] era dia de sessão de preto(a) velho(a). Estávamos na abertura dos trabalhos, na hora da defumação. O congá 'repentinamente' ficou vibrado com o orixá Nanã, que é considerado a mãe maior dos orixás e o seu axé (força) é um dos sustentadores da egrégora da Casa desde a sua fundação, formando par com Oxóssi. Faltavam poucos dias para o amaci (ritual de lavagem da cabeça com ervas maceradas), que tem por finalidade fortalecer a ligação dos médiuns com os orixás regentes e guias espirituais. Pedi um ponto cantado de Nanã Buruquê, antes dos cânticos habituais. Fiquei envolvido com uma energia lenta, mas firme. Fui transportado mentalmente para a beira de um lago lindíssimo e o orixá Nanã me 'ocupou', como se entrasse em meu corpo astral ou se interpenetrasse com ele, havendo uma incorporação total. (...) Vou explicar com sinceridade e sem nenhuma comparação, como tanto vemos por aí, como se a manifestação de um ou outro (dos espíritos na umbanda versus dos orixás em outros cultos) fosse mais ou menos superior, conforme o pertencimento de quem os compara a uma ou outra religião. A 'entidade' parecia um 'robô', um autômato sem pensamento contínuo, levado pelo som e pelos gestos. Sem dúvida, houve uma intensa movimentação de energia benfeitora, mas durante a manifestação do orixá minha cabeça ficou mentalmente vazia, como se nenhuma outra mente ocupasse o corpo energético do orixá que dançava, o que acabei sabendo depois tratar-se de uma forma-pensamento plasmada e mantida 'viva' pelas mentes dos encarnados.

No cotidiano dos terreiros, por vezes o vocábulo Orixá é utilizado também para Guias. Nessas casas, por exemplo, é comum ouvir alguém dizer antes de uma gira de Pretos-Velhos: "Precisamos preparar mais banquinhos, pois hoje temos muitos médiuns e, portanto, aumentará o número de Orixás em Terra.".

Na compreensão das relações entre os Orixás, as leituras são múltiplas: há, por exemplo, quem considere Inlé e Ibualama Orixás independentes, enquanto outros os associam como qualidades de Oxóssi. Algo semelhante ocorre, dentre outros, com Airá, ora visto como qualidade de Xangô, ora como Orixá a ele associado, e com Aroni, a serviço de Ossaim, ou seu mentor, ou o próprio Ossaim.

Com características muito semelhantes, na tradição Angola cada Orixá é chamado de Inquice. No Candomblé Jeje, Vodum.

Em África eram conhecidos e cultuados centenas de Orixás.

Candomblé

Candomblé é um nome genérico que agrupa o culto aos Orixás jeje-nagô, bem como outras formas que dele derivam ou com eles se interpenetram, as quais se espraiam em diversas nações.

Trata-se de uma religião constituída, com teologia e rituais próprios, que cultua um poder supremo, cujos poder e alcance se fazem espiritualmente mais visíveis por meio dos Orixás.

Sua base é formada por diversas tradições religiosas africanas, destacando-se as da região do Golfo da Guiné, desenvolvendo-se no Brasil a partir da Bahia.

O Candomblé não faz proselitismo e valoriza a ancestralidade, tanto por razões históricas (antepassados africanos) quanto espirituais – filiação aos Orixás, cujas características se fazem conhecer por seus mitos e por antepassados históricos ou semi-históricos divinizados.

Embora ainda discriminado pelo senso comum e atacado por diversas denominações religiosas que o associam à chamada baixa magia, o Candomblé tem cada vez mais reconhecida sua influência em diversos setores da vida social brasileira, dentre outros, a música (percussão, toques, base musical etc.), a culinária (Pratos da cozinha-de-santo que migraram para restaurantes e para as mesas das famílias brasileiras.) e a medicina popular (Fitoterapia e outros).

O Candomblé não existia em África tal qual o conhecemos, uma vez que naquele continente o culto aos Orixás era segmentado por regiões (Cada região e, portanto, famílias/clãs cultuavam determinado Orixá ou apenas alguns.).

No Brasil, os Orixás tiveram seus cultos reunidos em terreiros, com variações, evidentemente, assim como com interpenetrações teológicas e litúrgicas das diversas nações.

Embora haja farta bibliografia a respeito do Candomblé, e muitas de suas festas sejam públicas e abertas a não iniciados, trata-se de uma religião iniciática, com ensino-aprendizagem pautado pela oralidade, com conteúdo exotérico (de domínio público) e esotérico (Segredos os mais diversos transmitidos apenas aos iniciados.).

Conforme sintetiza Vivaldo da Costa Lima,

[...] a filiação nos grupos de candomblé é, a rigor, voluntária, mas nem por isso deixa de obedecer aos padrões mais ou menos institucionalizados das formas de apelo que determinam a decisão das pessoas de ingressarem, formalmente num terreiro de candomblé, através dos ritos de iniciação. Essas formas de chamamento religioso se enquadram no universo mental das classes e estratos de classes de que provêm a maioria dos adeptos do candomblé, e são, geralmente, interpretações de sinais que emergem dos sistemas simbólicos culturalmente postulados. Sendo um sistema religioso – portanto uma forma de relação expressiva e unilateral com o mundo sobrenatural – o candomblé, como qualquer outra religião iniciática, provê a circunstância

em que o crente poderá, satisfazendo suas emoções e suas outras necessidades existenciais, situar-se plenamente num grupo socialmente reconhecido e aceito, que lhe garantirá status e segurança – que esta parece ser uma das funções principais dos grupos de candomblé – dar a seus participantes um sentido para a vida e um sentimento de segurança e proteção contra 'os sofrimentos de um mundo incerto'.

Formação

O Culto aos Orixás, pelos africanos no Brasil, tem uma longa história de resistência e sincretismo, que, impedidos de cultuar os Orixás, valiam-se de imagens e referências católicas para manter viva a sua fé.

Por sua vez, a combinação de cultos que deu origem ao Candomblé, deveu-se ao fato de serem agregados numa mesma propriedade (E, portanto, na mesma senzala.) escravos provenientes de diversas nações, com línguas e costumes diferentes – certamente uma estratégia dos senhores brancos para evitar revoltas, além de uma tentativa de fomentar rivalidades entre os próprios africanos. Vale lembrar que em África o culto aos Orixás era segmentado por regiões: cada região cultuava determinado Orixá ou apenas alguns.

Em 1830, algumas mulheres originárias de Ketu, na Nigéria, filiadas à irmandade de Nossa Senhora da Boa Morte, reuniram-se para estabelecer uma forma de culto que preservasse as tradições africanas em solo brasileiro. Reza a tradição e documentos históricos que tal reunião aconteceu na antiga Ladeira do Bercô (Hoje, Rua Visconde de Itaparica.), nas proximidades da Igreja da Barroquinha, em Salvador (BA). Nesse grupo, e com o auxílio do africano Baba-Asiká, destacou-se Íyànàssó Kalá ou Oká (Iya Nassô). Seu òrúnkó no Orixá (nome iniciático) era Íyàmagbó-Olódùmarè.

Para conseguir seu intento, essas mulheres buscaram fundir aspectos diversos de mitologias e liturgias, por exemplo. Uma vez distantes da África, a Ìyá ìlú àiyé èmí (Mãe Pátria Terra da Vida), teriam de adaptar-se ao contexto local, não cultuando necessariamente apenas Orixás locais (Caraterísticos de tribos, cidades e famílias específicas.) em espaços amplos, como a floresta, cenário de muitas iniciações, porém num espaço previamente estabelecido: a casa de culto. Nessa reprodução em miniatura da África, os Orixás seriam cultuados em conjunto. Nascia o Candomblé.

Ao mesmo tempo em que designava as reuniões feitas por escravos com o intuito de louvar os Orixás, a palavra Candomblé também era empregada para toda e qualquer reunião ou festa organizada pelos negros no Brasil. Por essa razão, antigos Babás e Iyas evitavam chamar o culto aos Orixás de Candomblé.

Em linhas gerais, Candomblé seria uma corruptela de "candonbé" (Atabaque tocado pelos negros de Angola.) ou viria de "candonbidé" (Louvar ou pedir por alguém ou por algo.).

Cada grupo com características próprias teológicas, linguísticas e de culto, embora muitas vezes se interpenetrem, ficou conhecido como nação:

- Nação Ketu;
- Nação Angola;
- Nação Jeje;

- Nação Nagô;
- Nação Congo;
- Nação Muxicongo;
- Nação Efon.

Constituída por grupos que falavam iorubá, dentre eles os de Oyó, Abeokutá, Ijexá, Ebá e Benim, a Nação Ketu também é conhecida como Alaketu.

Os iorubás, guerreando com os jejes, em África, perderam e foram escravizados, vindo mais adiante para o Brasil. Maltratados, foram chamados pelos fons de ànagô (Dentre várias acepções, piolhentos, sujos.). O termo, com o tempo, modificou-se para nàgó e foi incorporado pelos próprios iorubás como marca de origem e de forma de culto. Em sentido estrito, não há uma nação política chamada nagô.

Em linhas gerais, os Candomblés dos estados da Bahia e do Rio de Janeiro ficaram conhecidos como de Nação Ketu, com raízes iorubanas. Entretanto, existem variações em cada nação. No caso do Ketu, por exemplo, destacam-se a Nação Efan e a Nação Ijexá. Efan é uma cidade da região de Ijexá, nas proximidades de Oxogbô e do rio Oxum, na Nigéria. A Nação Ijexá é conhecida pela posição de destaque que nela possui o Orixá Oxum, sua rainha.

No caso do Candomblé Jeje, por exemplo, uma variação é o Jeje Mahin, sendo Mahin uma tribo que havia nas proximidades da cidade de Ketu. Quanto às Nações Angola e Congo, seus Candomblés se desenvolveram a partir dos cultos de escravos provenientes dessas regiões africanas.

De fato, a variação e o cruzamento de elementos de Nações não são estanques, como demonstram o Candomblé

Nagô-Vodum, o qual sintetiza costumes iorubás e jeje, e o Alaketu, de nação iorubá, também da região de Ketu, tendo como ancestrais da casa Otampé, Ojaró e Odé Akobí.

Primeiros terreiros

A primeira organização de culto aos Orixás foi a da Barroquinha (Salvador/BA), em 1830, semente do Ilê Axé Iya Nassô Oká, uma vez que foi capitaneada pela própria Iya Nassô, filha de uma escrava liberta que retornou à África.

Posteriormente, foi transferida para o Engenho Velho, onde ficou conhecida como Casa Branca ou Engenho Velho. Ainda no século XIX, dela originou-se o Candomblé do Gantois e, mais adiante, o Ilê Axé Opô Afonjá.

Entre 1797 e 1818, Nan Agotimé, rainha-mãe de Abomé, teria trazido o culto dos Voduns jejes para a Bahia, levando-os a seguir para São Luís (MA). Traços da presença daomeana teriam permanecido no Bogum, antigo terreiro jeje de Salvador, o qual ostenta, ainda, o vocábulo "malê", bastante curioso, uma vez que o termo refere-se ao negro do Islã. Antes mesmo do Bogum, há registros de um terreiro jeje, em 1829, no bairro hoje conhecido como Acupe de Brotas.

Tumbensi é a casa de Angola considerada a mais antiga da Bahia, fundada por Roberto Barros Reis (dijina: Tata Kimbanda Kinunga) por volta de 1850, escravo angolano de propriedade da família Barros Reis, que lhe emprestou o nome pelo qual era conhecido.

Após seu falecimento, a casa (inzo) passou à liderança de Maria Genoveva do Bonfim, mais conhecida como Maria

Neném (dijina: Mam´etu Tuenda UnZambi) gaúcha, filha de Kavungo, considerada a mais importante sacerdotisa do Candomblé Angola. Ela assumiu a chefia da casa por volta dos anos 1909, vindo a falecer em 1945.

Já o Tumba Junçara foi fundado, em 1919 em Acupe, na Rua Campo Grande, Santo Amaro da Purificação (BA) por dois irmãos de esteira: Manoel Rodrigues do Nascimento (dijina: Kambambe) e Manoel Ciríaco de Jesus (dijina: Ludyamungongo), ambos iniciados em 13 de junho de 1910 por Mam'etu Tuenda UnZambi, Mam'etu Riá N'Kisi do Tumbensi.

Kambambe e Ludyamungongo tiveram Sinhá Badá como Mãe Pequena e Tio Joaquim como Pai Pequeno. O Tumba Junçara foi transferido para Pitanga, também em Santo Amaro da Purificação, e posteriormente para o Beiru.

A seguir foi novamente transferido para a Ladeira do Pepino, 70, e finalmente para Ladeira da Vila América, 2, Travessa 30, Avenida Vasco da Gama (Que hoje se chama Vila Colombina.), 30, em Vasco da Gama, Salvador (BA). E assim a raiz foi-se espalhando.

O histórico das primeiras casas de Candomblé e outras formas de culto marginalizadas pelo poder constituído (Estado, classes economicamente dominantes, Igreja etc.), como a Umbanda no século XX, assemelha-se pela resistência à repressão institucionalizada e ao preconceito.

Umbanda

Em linhas gerais, etimologicamente, Umbanda é vocábulo que decorre do Umbundo e do Quimbundo, línguas africanas, com o significado de "arte de curandeiro", "ciência médica", "medicina". O termo passou a designar, genericamente, o sistema religioso que, dentre outros aspectos, assimilou elementos religiosos afro-brasileiros ao espiritismo urbano (Kardecismo).[1]

Quanto ao sentido espiritual e esotérico, Umbanda significa "luz divina" ou "conjunto das leis divinas". A magia branca praticada pela Umbanda remontaria, assim, a outras eras do planeta, sendo denominada pela palavra sagrada Aumpiram, transformada em Aumpram e, finalmente, Umbanda.

De qualquer maneira, houve quem tivesse anotado, durante a incorporação do Caboclo das Sete Encruzilhadas anunciando o nome da nova religião, o nome "Allabanda", substituído por "Aumbanda", em sânscrito, "Deus ao nosso lado." ou "O lado de Deus.".

A Umbanda, assim como o Candomblé, é religião, e não seita. "Seita" geralmente refere-se pejorativamente a grupos

---
1. Embora não seja consenso o uso do termo "Kardecismo" como sinônimo de "Espiritismo", ele é aqui empregado por ser mais facilmente compreendido.

de pessoas com práticas espirituais que destoam das ortodoxas. A Umbanda é uma religião constituída, com fundamentos, teologia própria, hierarquia, sacerdotes e sacramentos. Suas sessões são gratuitas, voltadas ao atendimento holístico (corpo, mente, espírito) e à prática da caridade (fraterna, espiritual, material), sem proselitismo. Em sua liturgia e em seus trabalhos espirituais vale-se do uso dos quatro elementos básicos: fogo, terra, ar e água.

É muito interessante fazer o estudo comparativo da utilização dos elementos, tanto por encarnados como pela Espiritualidade, na Umbanda, no Candomblé, no Xamanismo, na Wicca, no Espiritismo (Vide obra de André Luiz.), na Liturgia Católica (Leia-se o trabalho de Geoffrey Hodson, sacerdote católico liberal.) etc.

Este é um breve histórico do nascimento oficial da Umbanda, embora, antes da manifestação do Caboclo das Sete Encruzilhadas e do trabalho de Zélio Fernandino, houvesse atividades religiosas semelhantes ou próximas, no que se convencionou chamar de macumba[2].

No Astral, a Umbanda antecipa-se em muito ao ano de 1908 e diversos segmentos localizam sua origem terrena em civilizações e continentes que já desapareceram.

Zélio Fernandino de Moraes, um rapaz de 17 anos que se preparava para ingressar na Marinha, em 1908 começou a ter aquilo que a família, residente em Neves, no Rio de Janeiro, considerava ataques. Os supostos ataques colocavam o rapaz na postura de um velho, que parecia ter vivido em outra época e dizia coisas incompreensíveis para os familiares;

---
2. O termo aqui não possui obviamente conotação negativa.

noutros momentos, Zélio parecia uma espécie de felino que demonstrava conhecer bem a natureza.

Após minucioso exame, o médico da família aconselhou que fosse ele atendido por um padre, uma vez que considerava o rapaz possuído. Um familiar achou melhor levá-lo a um centro espírita, o que realmente aconteceu: no dia 15 de novembro, Zélio foi convidado a tomar assento à mesa da sessão da Federação Espírita de Niterói, presidida à época por José de Souza.

Tomado por força alheia à sua vontade e infringindo o regulamento que proibia qualquer membro de ausentar-se da mesa, Zélio levantou-se e declarou: "Aqui está faltando uma flor.".

Deixou a sala, foi até o jardim e voltou com uma flor, que colocou no centro da mesa, o que provocou alvoroço. Na sequência dos trabalhos, manifestaram-se nos médiuns espíritos apresentando-se como negros escravos e índios.

O diretor dos trabalhos, então, alertou os espíritos sobre seu atraso espiritual, como se pensava comumente à época, e convidou-os a se retirarem. Novamente uma força tomou Zélio e advertiu: "Por que repelem a presença desses espíritos, se sequer se dignaram a ouvir suas mensagens? Será por causa de suas origens sociais e da cor?".

Durante o debate que se seguiu, procurou-se doutrinar o espírito, que demonstrava argumentação segura e sobriedade. Um médium vidente, então, lhe perguntou: "Por que o irmão fala nestes termos, pretendendo que a direção aceite a manifestação de espíritos que, pelo grau de cultura que tiveram, quando encarnados, são claramente atrasados? Por que fala deste modo, se estou vendo que me dirijo neste momento a um jesuíta e a sua veste branca reflete uma aura de luz? E qual o seu nome, irmão?".

Ao que o interpelado respondeu: "Se querem um nome, que seja este: sou o Caboclo das Sete Encruzilhadas, porque para mim, não haverá caminhos fechados. O que você vê em mim, são restos de uma existência anterior. Fui padre e o meu nome era Gabriel Malagrida. Acusado de bruxaria, fui sacrificado na fogueira da Inquisição em Lisboa, no ano de 1761. Mas em minha última existência física, Deus concedeu-me o privilégio de nascer como caboclo brasileiro.".

A respeito da missão que trazia da Espiritualidade, anunciou: "Se julgam atrasados os espíritos de pretos e índios, devo dizer que amanhã estarei na casa de meu aparelho, às 20 horas, para dar início a um culto em que estes irmãos poderão dar suas mensagens e, assim, cumprir a missão que o Plano Espiritual lhes confiou. Será uma religião que falará aos humildes, simbolizando a igualdade que deve existir entre todos os irmãos, encarnados e desencarnados.".

Com ironia, o médium vidente perguntou-lhe: "Julga o irmão que alguém irá assistir a seu culto?".

O Caboclo das Sete Encruzilhadas lhe respondeu: "Cada colina de Niterói atuará como porta-voz, anunciando o culto que amanhã iniciarei.". E concluiu: "Deus, em sua infinita Bondade, estabeleceu que na morte, a grande niveladora universal, rico ou pobre, poderoso ou humilde, todos se tornariam iguais, mas vocês, homens preconceituosos, não contentes em estabelecer diferenças entre os vivos, procuram levar essas mesmas diferenças até mesmo além da barreira da morte. Por que não podem nos visitar esses humildes trabalhadores do espaço, se apesar de não haverem sido pessoas socialmente importantes na Terra, também trazem importantes mensagens do além?".

No dia seguinte, 16 de novembro, na casa da família de Zélio, à rua Floriano Peixoto, 30, perto das 20 horas, estavam os parentes mais próximos, amigos, vizinhos, membros da Federação Espírita e, fora da casa, uma multidão.

Às 20 horas manifestou-se o Caboclo das Sete Encruzilhadas e declarou o início do novo culto, no qual os espíritos de velhos escravos, que não encontravam campo de atuação em outros cultos africanistas, bem como de indígenas nativos do Brasil trabalhariam em prol dos irmãos encarnados, independentemente de cor, raça, condição social e credo.

No novo culto, encarnados e desencarnados atuariam motivados por princípios evangélicos e pela prática da caridade.

O Caboclo das Sete Encruzilhadas também estabeleceu as normas do novo culto: as sessões seriam das 20 horas às 22 horas, com atendimento gratuito e os participantes uniformizados de branco. Quanto ao nome, seria Umbanda: Manifestação do Espírito para a Caridade.

A casa que se fundava teria o nome de Nossa Senhora da Piedade, inspirada em Maria, que recebeu os filhos nos braços. Assim, a casa receberia todo aquele que necessitasse de ajuda e conforto. Após ditar as normas, o Caboclo respondeu a perguntas em latim e alemão formuladas por sacerdotes ali presentes. Iniciaram-se, então, os atendimentos, com diversas curas, inclusive a de um paralítico.

No mesmo dia, manifestou-se em Zélio um Preto-Velho chamado Pai Antônio, o mesmo que havia sido considerado efeito da suposta loucura do médium.

Com humildade e aparente timidez, recusava-se a sentar-se à mesa, com os presentes, argumentando: "Nêgo num senta não, meu sinhô, nêgo fica aqui mesmo. Isso é coisa de sinhô branco e nêgo deve arrespeitá.". Após insistência dos presentes, respondeu: "Num carece preocupá, não. Nêgo fica no toco, que é lugá de nêgo.".[3]

Continuou com palavras de humildade, quando alguém lhe perguntou se sentia falta de algo que havia deixado na Terra, ao que ele respondeu: "Minha cachimba. Nêgo qué o pito que deixou no toco. Manda mureque buscá.".

Solicitava, assim, pela primeira vez, um dos instrumentos de trabalho da nova religião. Também foi o primeiro a solicitar uma guia, até hoje usada pelos membros da Tenda, conhecida carinhosamente como Guia de Pai Antônio.

No dia seguinte, houve verdadeira romaria à casa da família de Zélio. Enfermos encontravam a cura, todos se sentiam confortados, médiuns até então considerados loucos encontravam terreno para desenvolver os dons mediúnicos.

O Caboclo das Sete Encruzilhadas dedicou-se, então, a esclarecer e divulgar a Umbanda, auxiliado diretamente por Pai Antônio e pelo Caboclo Orixá Malê, experiente na anulação de trabalhos de baixa magia.

No ano de 1918, o Caboclo das Sete Encruzilhadas recebeu ordens da Espiritualidade para fundar sete tendas, assim denominadas: Tenda Espírita Nossa Senhora da Guia, Tenda Espírita Nossa Senhora da Conceição, Tenda Espírita Santa Bárbara, Tenda Espírita São Pedro, Tenda Espírita Oxalá,

---

3. Certamente trata-se de um convite à humildade, e não de submissão e dominação racial.

Tenda Espírita São Jorge e Tenda Espírita São Jerônimo. Durante a encarnação de Zélio, a partir dessas primeiras tendas, foram fundadas outras 10 mil.

Mesmo não seguindo a carreira militar, pois o exercício da mediunidade não lhe permitira, Zélio nunca fez da missão espiritual uma profissão. Pelo contrário, chegava a contribuir financeiramente, com parte do salário, para as tendas fundadas pelo Caboclo das Sete Encruzilhadas, além de auxiliar os que se albergavam em sua casa. Também por conselho do Caboclo, não aceitava cheques e presentes.

Por determinação do Caboclo, a ritualística era simples: cânticos baixos e harmoniosos, sem palmas ou atabaques, sem adereços para a vestimenta branca e, sobretudo, sem corte (sacrifício de animais). A preparação do médium pautava-se pelo conhecimento da doutrina, com base no Evangelho, banhos de ervas, amacis e concentração nos pontos da natureza.

Com o tempo e a diversidade ritualística, outros elementos foram incorporados ao culto, no que tange ao toque, canto e palmas, às vestimentas e mesmo a casos de sacerdotes umbandistas que passaram a dedicar-se integralmente ao culto, cobrando, por exemplo, pelo jogo de búzios onde o mesmo é praticado, porém sem nunca deixar de atender àqueles que não podem pagar pelas consultas.

Mas as sessões permanecem públicas e gratuitas, pautadas pela caridade, pela doação dos médiuns. Algumas casas, por influência dos Cultos de Nação, praticam o corte, contudo essa é uma das maiores diferenças entre a Umbanda dita tradicional e as casas que se utilizam de tal prática.

Depois de 55 anos à frente da Tenda Nossa Senhora da Piedade, Zélio passou a direção para as filhas Zélia e Zilméa, continuando, porém, a trabalhar juntamente com sua esposa, Isabel (médium do Caboclo Roxo), na Cabana de Pai Antônio, em Boca do Mato, em Cachoeira de Macacu, no Rio de Janeiro.

Zélio Fernandino de Moraes faleceu no dia 03 de outubro de 1975, após 66 anos dedicados à Umbanda, que muito lhe agradece.

Embora chamada popularmente de religião de matriz africana, na realidade, a Umbanda é um sistema religioso formado de diversas matrizes, com diversos elementos cada:

Matrizes	Elementos mais conhecidos
Africanismo	Culto aos Orixás, trazidos pelos negros escravos, em sua complexidade cultural, espiritual, medicinal, ecológica etc. e culto aos Pretos-Velhos.
Cristianismo	Uso de imagens, orações e símbolos católicos. A despeito de existir uma Teologia de Umbanda, própria e característica, algumas casas vão além do sincretismo, utilizando-se mesmo de dogmas católicos.[4]
Indianismo	Pajelança; emprego da sabedoria indígena ancestral em seus aspectos culturais, espirituais, medicinais, ecológicos etc.; culto aos caboclos indígenas ou de pena.

---

4. Há, por exemplo, casas de Umbanda com fundamentos teológicos próprios, enquanto outras rezam o terço com os mistérios baseados nos dogmas católicos e/ou se utilizam do Credo Católico, onde se afirma a fé na Igreja Católica (Conforme indicam Guias, Entidades e a própria etimologia, leia-se "católica" como "universal", isto é, a grande família humana.), na Comunhão dos Santos, na ressurreição da carne, dentre outros tópicos da fé católica. Isso em nada invalida a fé, o trabalho dos Orixás, das Entidades, das Egrégoras de Luz formadas pelo espírito, e não pela letra da recitação amorosa e com fé do Credo Católico.

Matrizes	Elementos mais conhecidos
Kardecismo	Estudo dos livros da Doutrina Espírita, bem como de sua vasta bibliografia; manifestação de determinados espíritos e suas Egrégoras, mais conhecidas no meio Espírita, como os médicos André Luiz e Bezerra de Menezes. Utilização de imagens e bustos de Allan Kardec, Bezerra de Menezes e outros; estudo sistemático da mediunidade; palestras públicas.
Orientalismo	Estudo, compreensão e aplicação de conceitos como prana, chacra e outros; culto à Linha Cigana – que em muitas casas vem, ainda, em linha independente, dissociada da chamada Linha do Oriente.

Por seu caráter ecumênico, de flexibilidade doutrinária e ritualística, a Umbanda é capaz de reunir elementos os mais diversos, como os sistematizados.

Mais adiante, ao se tratar das Linhas da Umbanda, veremos que esse movimento agregador é incessante: como a Umbanda permanece de portas abertas aos encarnados e aos espíritos das mais diversas origens étnicas e evolutivas, irmãos de várias religiões chegam aos seus templos em busca de saúde, paz e conforto espiritual, bem como outras falanges espirituais juntam-se à sua organização.

Aspectos da Teologia de Umbanda

Monoteísmo	Crença num Deus único (Princípio Primeiro, Energia Primeira etc.), conhecido principalmente como Olorum (influência iorubá) ou Zâmbi (influência Angola).

Aspectos da Teologia de Umbanda

Crença nos Orixás	Divindades/ministros de Deus, ligadas a elementos e pontos de força da natureza, orientadores dos Guias e das Entidades, bem como dos encarnados.
Crença nos Anjos	Enquanto figuras sagradas (e não divinas) são vistas ou como seres especiais criados por Deus (Influência do Catolicismo.), ou como espíritos bastante evoluídos (Influência do Espiritismo/Kardecismo.).
Crença em Jesus Cristo	Vindo na Linha de Oxalá e, por vezes, confundido com o próprio Orixá, Jesus é visto ou como Filho Único e Salvador (Influência do Catolicismo/do Cristianismo mais tradicional.), ou como o mais evoluído dos espíritos que encarnaram no planeta, do qual, aliás, é governador (Influência do Espiritismo/Kardecismo.).
Crença na ação dos espíritos	Os espíritos, com as mais diversas vibrações, agem no plano físico. A conexão com eles está atrelada à vibração de cada indivíduo, razão pela qual é necessário estar sempre atento ao "Orai e vigiai." preconizado por Jesus.
Crença nos Guias e nas Entidades	Responsáveis pela orientação dos médiuns, dos terreiros, dos consulentes e outros, sua atuação é bastante ampla. Ao auxiliarem a evolução dos encarnados, colaboram com a própria evolução.
Crença na reencarnação	As sucessivas vidas contribuem para o aprendizado, o equilíbrio e a evolução de cada espírito.

Aspectos da Teologia de Umbanda

Crença na Lei de Ação e Reação	Tudo o que se planta, se colhe. A Lei de Ação e Reação é respaldada pelo princípio do livre-arbítrio.
Crença na mediunidade	Todos somos médiuns, com dons diversos (de incorporação, de firmeza, de intuição, de psicografia etc.).

Diversidade

Nas religiões de matriz africana há uma diversidade muito grande: do Candomblé para Umbanda; de casa da mesma religião para outra casa; de região para região; de qualidade de um Orixá para outra do mesmo Orixá etc.

Além disso, por razões históricas, culturais e de resistência e manutenção do culto, os adeptos precisaram (e precisam) se adaptar constantemente. Nem sempre, por exemplo, o que se fazia em África, ou na senzala, é feito, hoje, numa Casa de Santo.

Nada no culto aos Orixás é feito sem orientação direta da própria Espiritualidade ou dos dirigentes espirituais. Uma planta que serve para banho nem sempre serve para outra função. Existem as incompatibilidades e as particularidades de cada qualidade de Orixá. O nome de uma planta votiva pode mudar em outras regiões.

Enfim, as diversidades precisam ser respeitadas. Considerando-as como foco para a unidade; não se deve aventurar-se em qualquer prática sem a devida orientação, a fim de não haver choque energético. A sabedoria pressupõe humildade, diálogo e paciência.

Com diferenças de fundamentos, litúrgicas, culto e, consequentemente, na forma de se trabalhar as qualidades dos Orixás, Candomblé e Umbanda caminham juntos, lado a lado, como religiões irmãs. Ou assim deveria ser.

A fim de contribuir para o diálogo, vejam-se os textos seguintes.

Juntos somos mais fortes

É fato que as Religiões de Matriz Africana são alvo de preconceito, discriminação e intolerância, em vários níveis, por grande parte da sociedade. Contudo, o que mais fere e enfraquece é a desunião entre irmãos.

Enquanto umbandistas pensarem e declararem "Eu não gosto do Candomblé!" ou "Se o pessoal do Candomblé for, eu não vou..."; enquanto candomblecistas acreditarem e afirmarem "A Umbanda é fraquinha..." ou "Essas umbandinhas que estão por aí...", dificilmente caminharemos juntos sob o manto branco de Oxalá.

Dias desses ouvi alguém dizendo a um irmão de outra casa: "Embora não seja a forma de sincretismo como o Orixá é tratado em nossa casa, gostaria de parabenizar etc...". Ora, como posso ir ao encontro de um irmão iniciando meu gesto com um "embora" ou um "apesar de"? Onde está o respeito à diversidade? Essa inconsciência me lembrou da fala de um amigo reverendo anglicano, que comentava o quanto é triste ver irmãos católicos romanos presentes em ordenações de reverendas anglicanas negando-se a participar da mesa da comunhão.

Aceitar e respeitar a diversidade não significa perder a identidade.

Umbandistas e candomblecistas, se vivenciarmos o respeito entre nós, o amor e o diálogo cidadão e legal (em todos os sentidos) certamente se propagarão em outras esferas.

Juntos, somos mais fortes.

Sobre a expressão "Religiões de Matriz Africana"

Embora o mais comum seja referir-se hoje ao Candomblé, à Umbanda e a outras religiões similares como Religiões Tradicionais de Terreiro, ainda é bastante empregada a expressão Religiões de Matriz Africana, embora esta matriz não seja a única a constituir tais religiões.

Nesse sentido, é bastante esclarecedor o questionamento do professor Ildásio Tavares, em seu livro Xangô, da Editora Pallas (2008), no qual procura denominar as religiões de terreiro como jeje-nagôs-brasileiras, o que, pelo último termo, a meu ver, incluiria também a Nação Angola:

Os nomes que não nomeiam

Fala-se com muita segurança, empáfia (e até injúria) em religião negra, religião africana, religião afro-brasileira, ou culto, mais pejorativamente. Essa terminologia é facciosa, discriminatória, preconceituosa, redutiva e falsa. Auerbach dizia que os maus termos, em ciência, são mais danosos que as nuvens à navegação. Negro é um termo que toma por parâmetro uma cor de pele que nem sequer é negra. Que seria religião negra? Aquela praticada por negros, apenas, ou aquela criada por negros e praticada por brancos, negros mulatos ou alguém com algum dos 514 tipos de cor achados no Brasil por Herskovits? Religião negra é um termo evidentemente racista quer usado pelos brancos para discriminar e inferiorizar o negro, quer usado pelo negro para se autodiscriminar defensivamente com uma reserva de domínio rácico e cultural.

Africano é absurdamente generalizante, na medida em que subsume uma extraordinária pluralidade e diversidade cultural em um rótulo simplista e unívoco. Nelson Mandela é frequentemente mencionado como um líder africano. Jamais alguém chamaria Adolf Hitler de um líder europeu ou de um líder branco apesar de este ser um defensor da superioridade dos arianos que não são necessariamente brancos, vez que a maioria dos judeus é de brancos, assim como os poloneses; e Hitler os tinha como inferiores, perniciosos e queria eliminá-los da face da Terra. Este rótulo redutivo lembra-me o episódio de nosso grotesco e absurdo presidente Jânio Quadros chamando o intelectual sergipano Raimundo de Souza Dantas, para ser embaixador do Brasil na África por ele ser de pele escura. Quando o perplexo Raimundo replicou: "Excelência, a África é um continente! Como posso ser embaixador do Brasil em um continente?" O burlesco presidente respondeu: "Não importa, o senhor vai ser embaixador do Brasil na África.". E foi. Sediado em Gana.

Este é o típico exemplo de absurdo brasileiro, de seu surrealismo de hospício que muitos adotam como postura científica, para empulhar os tolos, os ingênuos e os incautos, armadilha perpetrada por canalhas para capturar os obtusos, diria Rudyard Kipling ao deixar o colonialismo para definir o Super Homem.

O rótulo afro-brasileiro também é falacioso. Aprendi no curso primário que o povo brasileiro está composto basicamente de três etnias: a dos índios, vermelha; a dos europeus, branca, e a dos africanos, preta. Por definição, portanto, brasileiro é a combinação de índio, africano e europeu, branco, vermelho e preto em proporções variáveis, é claro. Já se disse, jocosamente, que as árvores genealógicas no Brasil (em sua maioria ginecológicas, matrilineares) ou dão no matou ou na cozinha, ou dão em índio ou em negro, para satirizar a falsa, a ansiada brancura de nosso povo que nem a importação de italianos e alemães conseguiu satisfazer, muito pelo contrário, eles é que escureceram, ao menos culturalmente, assim como os amarelos, haja vista a presença de babalorixás na Liberdade, São Paulo, no Paraná e em Santa Catarina, para não falar de Escolas de Samba de olhos oblíquos.

Ora, se brasileiro já quer dizer parte africano, afro-brasileiro é redundante. Resolvendo a equação, temos: $B = A + I + E$, ou seja, Brasileiro é igual a africano + índio + europeu. Logo AB (Afro-brasileiro) será igual a A + AIB (Africano + Índio + Brasileiro). Tem africano demais nessa equação. Eliminando o termo igual, discriminaremos o Afro-brasileiro. A única solução é especificar a origem cultural (ou etnográfica, se quiserem) da religião. Para mim seria adequado dizer-se religiões brasileiras de origem africana, índia ou judaico-europeias, todas nossas. Mas como seria longo demais e detesto siglas, prefiro falar religiões jeje-nagôs-brasileira. É mais adequado. Pode não ser preciso. Mas a precisão é um desiderato dos relógios suíços, dos mísseis, dos navios que não afundam e dos filósofos positivistas. Não tenho simpatia por nenhum dos quatro.

Oxum

Orixá do feminino, da feminilidade, da fertilidade; ligada ao rio de mesmo nome, em especial em Oxogbô, Ijexá (Nigéria).

Senhora das águas doces, dos rios, das águas quase paradas das lagoas não pantanosas, das cachoeiras e, em algumas qualidades e situações, também da beira-mar.

Perfumes, joias, colares, pulseiras e espelhos alimentam sua graça e beleza.

Filha predileta de Oxalá e de Iemanjá, foi esposa de Oxóssi, de Ogum e, posteriormente, de Xangô (segunda esposa). Senhora do ouro (na África, cobre), das riquezas, do amor.

Orixá da fertilidade, da maternidade, do ventre feminino – a ela se associam as crianças. Nas lendas em torno de Oxum, a menstruação, a maternidade, a fertilidade, enfim, tudo o que se relaciona ao universo feminino, é valorizado.

Entre os iorubás, tem o título de Ialodê (senhora, "lady"), comandando as mulheres, arbitrando litígios e responsabilizando-se pela ordem na feira.

Segundo a tradição afro-brasileira mais antiga, no jogo dos búzios, é ela quem formula as perguntas respondidas por Exu. Os filhos de Oxum costumam ter boa comunicação, inclusive no que tange a presságios.

Oxum, Orixá do amor, favorece a riqueza espiritual e material, além de estimular sentimentos como amor, fraternidade e união.

Os Inquices são divindades dos cultos de origem banta. Correspondem aos Orixás iorubanos e da Nação Ketu. Dessa forma, por paralelismo, os Inquices, em conversas do povo-de-santo aparecem como sinônimos de Orixás.

Também entre o povo-de-santo, quando se usa o termo Inquice, geralmente se refere aos Inquices masculinos, ao passo que Inquice Amê refere-se aos Inquices femininos.

O vocábulo Inquice vem do quimbundo *Nksi* (plural: *Mikisi*), significando "Energia Divina".

Kisimbi ou Samba correspondem ao Orixá Oxum. Por sua vez, Ndanda Lunda ou Dandalunda corresponde tanto a Oxum quanto a Iemanjá.

Vodum é divindade do povo Fon (antigo Daomé). Refere-se tanto aos ancestrais míticos quanto aos ancestrais históricos. No cotidiano dos terreiros, por paralelismo, o vocábulo é empregado também como sinônimo de Orixá (É bastante evidente a semelhança de características entre os mais conhecidos Orixás, Inquices e Voduns.). "Vodum" é a forma aportuguesada de "vôdoun".

Ji-vodun	Voduns do alto, chefiados por Sô (Heviossô).
Ayi-vodun	Voduns da terra, chefiados por Sakpatá.
Tô-vodun	Voduns próprios de determinada localidade. Diversos.
Henu-vodun	Voduns cultuados por certos clãs que se consideram seus descendentes. Diversos.

Mawu (gênero feminino) é o Ser Supremo dos povos Ewe e Fon, que criou a Terra, os seres vivos e os voduns. Mawu associa-se a Lissá (gênero masculino), também responsável pela criação, e os voduns são filhos e descendentes de ambos. A divindade dupla Mawu-Lissá é chamada de Dadá Segbô (Grande Pai Espírito Vital).

Aziri é o Vodum correspondente tanto a Oxum quanto a Iemanjá.

Em África, conceito que também transmigrou para o Brasil e se enraizou no Candomblé, Oxum é ligada às Iá Mi Oxorongá. Cada Iá Mi Oxorongá é uma entidade espiritual que representa a ancestralidade feminina, daí ser conhecida como mãe ancestral.

As Iá Mi são senhoras, donas dos pássaros da noite, poderosas, pairando acima dos conceitos do bem e do mal. Oxum, em diversas narrativas e em algumas qualidades, transforma-se em ave.

Segundo Pierre Verger,

> [...] As mulheres que desejam ter filhos dirigem-se a Oxum, pois ela controla a fecundidade, graças aos laços mantidos com Ìyámi-Àjé. (*Minha Mãe Feiticeira*, p. 174.)

Ainda segundo Pierre Verger, a relação entre Oxum e os reis da região de Oxogbô é bastante grande, visceral:

> Laços muito estreitos existem entre Oxum e os reis de Oxogbô. Neste lugar, a festa anual das oferendas a Oxum é uma comemoração pela chegada de Laro, fundador da dinastia, às margens deste rio cujas águas correm permanentemente. Laro, depois de muitas atribulações,

achando o local favorável ao estabelecimento de uma cidade, aí se fixou com a sua gente. Alguma dias depois de sua chegada, uma de suas filhas foi banhar-se no rio e desapareceu sob as águas. Reapareceu no dia seguinte, soberbamente vestida, declarando ter sido muito bem acolhida pela divindade do rio. Laro, para demonstrar a sua gratidão, dedicou-lhe oferendas. Numerosos peixes, mensageiros da divindade, vieram comer, em sinal de aceitação, as comidas que Laro havia jogado nas águas. Um grande peixe, que nadava próximo ao local onde este se encontrava, cuspiu-lhe água. Laro recolheu esta água numa cabaça e bebeu, fazendo assim um pacto de aliança com o rio. Estendeu, depois, as duas mãos para frente e o grande peixe saltou sobre elas. Laro recebeu o título de Atóója – contração da frase iorubá A téwó gbáà ejá (Ele estende as mãos e recebe o peixe) e declarou: Òsun gbo (Oxum está em estado de maturidade), suas águas serão sempre abundantes. Essa foi à origem do nome da cidade de Oxogbô.

No dia da festa anual, Atáója vai solenemente até as margens do rio. Tem a cabeça coberta por uma coroa monumental feita com pequenas miçangas reunidas e é vestido com pesada roupa de veludo. Anda com calma e gravidade, rodeado por suas mulheres e seus dignitários. Nessa procissão anual, uma de suas filhas leva a cabaça contendo os objetos sagrados de Oxum. É a Arugbá Òsun (aquele que leva a cabaça de Oxum). Ela representa a moça que outrora desapareceu no rio. Sua pessoa é sagrada, e o próprio rei inclina-se à sua frente. Depois que atinge a idade da puberdade, ela não pode mais preencher essa função. Mas, pela graça de Oxum, a descendência de Atáója é sempre *numerosa, não faltando, pois, a possibilidade de se encontrar uma Arugbá Òsun disponível.*

Atáója senta-se numa clareira e acolhe as pessoas que vêm assistir à cerimônia. Os reis e os chefes das cidades vizinhas estão todos presentes ou enviam representantes. As delegações chegam, uma após outra, acompanhadas de músicos. Trocas de saudações, prosternações e danças sucedem-se como formas de cortesia recíprocas, com animação crescente. Ao final da manhã, atáója, acompanhado do seu povo e dos seus hóspedes, aproxima-se do rio e aí manda lançar oferendas e comidas, no mesmo lugar onde Laro o fizera outrora. Os peixes as disputam sob o olhar atento das sacerdotisas de Oxum.

A seguir, Atáója dirige-se até as proximidades de um pequeno templo vizinho e senta-se sobre a pedra – Òkúta Laro –, onde seu ancestral Laro havia repousado em outros tempos. A adivinhação é feita para saber se Oxum está satisfeita e se ela tem vontades a exprimir. Atáója volta em seguida para a clareira, onde recebe e trata seus convidados com uma generosidade digna da reputação de Oxum, a rainha de todos os rios. (pp. 175-176)

Na Umbanda, Oxumaré por vezes é uma qualidade de Oxum. Como, de qualquer forma, existe uma relação entre Oxum e Oxumaré enquanto Orixá do Arco-íris, apresenta-se uma breve descrição do mesmo.

Oxumaré

Filho mais novo e preferido de Nanã, Oxumaré participou da criação do mundo, enrolando-se ao redor da Terra e reunindo a matéria, enfim, dando forma ao mundo. Desenhou vales e rios, rastejando mundo afora.

Responsável pela sustentação do mundo, controla o movimento dos astros e oceanos. Representa o movimento, a fertilidade, o *continuum* da vida: Oxumaré é a cobra que morde a própria cauda, num ciclo constante.

Oxumaré carrega as águas dos mares para o céu, para a formação das chuvas. É o arco-íris, a grande cobra colorida. Também é associado ao cordão umbilical, pois viabiliza a comunicação entre os homens, o mundo dito sobrenatural e os antepassados.

Na comunicação entre céu e Terra, entre homem e espiritualidade/ancestralidade, mais uma vez se observa a ideia de ciclo contínuo representada pelo Orixá, a síntese dialética entre opostos complementares.

Nos seis meses em que assume a forma masculina, tem-se a regulagem entre chuvas e estiagem, uma vez que, enquanto o arco-íris brilha, não chove. Por outro lado, o próprio arco-íris indica as chuvas em potencial, prova de que as águas estão sendo levadas para o céu para formarem novas nuvens. Já nos seis meses em que assume a porção feminina, tem-se a cobra a rastejar com agilidade, tanto na terra quanto na água.

Por evocar a renovação constante, pode, por exemplo, diluir a paixão e o ciúme em situações onde o amor – irradiação de Oxum – perdeu terreno. Nesse mesmo sentido, pode também diluir a religiosidade fixada na mente de alguém, conduzindo-o a outro caminho religioso/espiritual que o auxiliará na senda evolutiva.

Em determinados segmentos e casas de Umbanda, Oxumaré aparece como uma qualidade do Orixá Oxum.

Características

Animal:	cobra.
Bebida:	água mineral.
Chacra:	laríngeo.
Cores:	verde e amarelo, cores do arco-íris.
Comemoração:	24 de agosto.
Comidas:	batata doce em formato de cobra, bertalha com ovos.
Contas:	verde e amarelas.
Corpo humano e saúde:	pressão baixa, vertigens, problemas de nervos, problemas alérgicos.
Dia da semana:	terça-feira.
Elemento:	água.
Elementos incompatíveis:	água salgada, sal.
Ervas:	as mesmas de Oxum.
Flores:	amarelas.
Metal:	latão (ouro e prata misturados).
Pedras:	ágata, diamante, esmeralda, topázio.
Pontos da natureza:	próximo de quedas de cachoeiras.
Saudação:	Arribobô! Arroboboi! (Salve o arco-íris! ou Senhor das Águas Supremas!, dentre tantas possíveis acepções.).

Características

Símbolos: arco-íris, cobra.

Sincretismo: São Bartolomeu.

Cores

Principalmente o amarelo ouro, em especial no Candomblé, e o azul royal ou rosa na Umbanda.

Símbolos

Quando se tratam de Orixás, símbolos não são apenas símbolos. Por exemplo, o símbolo de um Orixá num ponto riscado abre dimensões para o trabalho espiritual. O mesmo se dá com as ferramentas de Orixás: quando um Orixá dança num barracão e utiliza sua ferramenta, estão sendo cortadas energias deletérias e disseminados os Axés dos Orixás.

Abebé

Leque metálico de latão (o de Oxum), que geralmente traz espelho. Símbolo da beleza, da vaidade, dos encantos de Oxum.

Coração

Símbolo universal do amor, também associado a Oxum.

Saudação

Ora ye ye o! ("Salve, Mãe das Águas!").
Aieieu! é uma adaptação de Ora ye ye o!, bastante comum na Umbanda.

Dia da semana

Sábado.

Tarô

No *Tarô dos Orixás* de Eneida Duarte Gaspar, Oxum é associado à carta XVII do Tarô de Marselha, A Estrela: uma moça nua, com um dos joelhos na terra, próxima a um riacho, joga a água de dois recipientes: parte do conteúdo cai no riacho (Perda de ideias e ações.) e parte no chão (Fertilidade de ideias e ações.).

Na figura, os quatro elementos, isto é, o fogo (as estrelas), o ar (o pássaro), a água (dos jarros) e a terra (solo onde está a moça) formam o quinto elemento, a espiritualidade.

Uma estrela maior (a Estrela dos Magos) é rodeada por outras sete estrelas menores. Tanto os braços quanto os cabelos da moça, bem como a água vertida dos jarros evocam o fluxo de ying/yang. Na figura, ainda, tem-se o pássaro sobre a Árvore da Vida, desenvolvida. Ainda há outra planta que viceja.

- Significado básico de A Estrela: Inspiração. Criatividade. Contato e inspiração de alguém.
- Significado básico oposto de A Estrela: Má sorte (estrela). Doença mental. Emoções desenfreadas e/ou malconduzidas.

No *Tarô dos Orixás*, conforme a própria Eneida Duarte Gaspar:

> O orixá das águas doces é parecido com Vênus. Por um lado, é a moça faceira e sedutora: por outro, preside os

mistérios femininos, a maternidade, a magia (as profundezas da imaginação) e a riqueza (o crescimento, a fecundidade). Oxum, a Estrela, mostra que depois da tempestade vem a calmaria; no repouso e na contemplação, ela se abre para as novas sensações que brotam ao redor e sente que está tudo bem. No meio do turbilhão começa a brilhar a luz da sabedoria que vem da imaginação, organizando e esclarecendo os problemas. Sua sabedoria consiste em saber se relacionar com as forças da natureza sem se deixar inundar por elas, usando o essencial e devolvendo às fontes inconscientes o excedente. Como isso exige muita sensibilidade, ela fica exposta demais; mas sua mensagem é a esperança de que a abertura a novas experiências torne a mudança suave e prazerosa. (p. 17)

Obviamente, as lâminas ou cartas apresentam-se com significado mais profundo durante a leitura, em especial conforme a posição que assumem no jogo e com relação às outras cartas.

Sincretismo

(...)
Quando os povos d'África chegaram aqui
Não tinham liberdade de religião.
Adotaram o Senhor do Bonfim:
Tanto resistência, quanto rendição.

Quando, hoje, alguns preferem condenar
O sincretismo e a miscigenação,
Parece que o fazem por ignorar
Os modos caprichosos da paixão.

Paixão que habita o coração da natureza-mãe
E que desloca a história em suas mutações,
Que explica o fato de Branca de Neve amar
Não a um, mas a todos os Sete Anões.
(...)

(Gilberto Gil)

A senzala foi um agregador do povo africano. Escravos muitas vezes apartados de suas famílias e divididos propositadamente em grupos culturais e linguisticamente diferentes – por vezes antagônicos, para evitar rebeliões –, organizaram-se de modo a criar uma pequena África, o que posteriormente se refletiu nos terreiros de Candomblé, onde Orixás procedentes de regiões e clãs diversos passaram a ser cultuados numa mesma casa religiosa.

Entretanto, o culto aos Orixás era velado, uma vez que a elite branca católica considerava as expressões de espiritualidade e fé dos africanos e seus descendentes como associada ao mal, ao Diabo cristão, caracterizando-a pejorativamente de primitiva.

Para manter sua liberdade de culto, ainda que restrita ao ambiente da senzala, ou, de modo escondido, nos pontos de força da natureza ligados a cada Orixá, os escravizados recorreram ao sincretismo religioso, associando cada Orixá a um santo católico. Tal associação também apresenta caráter plural e continuou ao longo dos séculos, daí a diversidade de associações sincréticas.

Hoje, por um lado, há um movimento de "reafricanização" do Candomblé, dissociando os Orixás dos santos católicos; por outro lado, muitas casas ainda mantêm o sincretismo, e muitos zeladores-de-santo declaram-se católicos.

No caso da Umbanda, algumas casas, por exemplo, não se utilizam de imagens de santos católicos, representando os Orixás em sua materialidade por meio dos otás, entretanto, a maioria ainda se vale de imagens católicas, entendendo o sincretismo como ponto de convergência de diversas matrizes espirituais.

De certa forma, o sincretismo também foi chancelado pelo fato de popularmente Orixá passar a ser conhecido como "Santo" (Orixá de energia masculina/pai/aborô.) ou "Santa" (Orixá de energia feminina/mãe/iabá.), o que reforça a associação e correspondência com os santos católicos, seres humanos que, conforme a doutrina e os dogmas católicos, teriam se destacado por sua fé ou seu comportamento.

Energia masculina e energia feminina de cada Orixá não têm necessariamente relação com gênero e sexualidade tal qual conhecemos e vivenciamos, tanto que, em Cuba, Xangô é sincretizado com Santa Bárbara.

Ainda sobre o vocábulo "Santo" como sinônimo de Orixá, as traduções mais próximas para os termos *babalóòrisá* e *iyálorisa* seriam pai ou mãe-**no**-santo, contudo o uso popular consagrou pai ou mãe-**de**-santo. Para evitar equívocos conceituais e/ou teológicos, alguns sacerdotes utilizam-se do termo zelador ou zeladora-de-santo.

Em célebre entrevista concedida ao jornal "A Tarde", em 24 de junho de 2001, o zelador-de-santo Agenor Miranda trata de diversos temas que apareceram em entrevistas anteriores.

Duas perguntas tratam de sincretismo e devoção a santos católicos. As mesmas declarações a respeito do sincretismo no Candomblé poderiam, certamente, ser aplicadas ao sincretismo na Umbanda.

P – Na Bahia do Senhor do Bonfim, o sincretismo religioso está muito presente. Qual a sua opinião sobre o sincretismo, considerando que o senhor é um zelador-de-santo, filho de pais católicos?

R – Não há crime nenhum no sincretismo, porque, se não fosse o sincretismo, não haveria candomblé hoje. Essa é que é a verdade. As mães-de-santo e os pais-de-santo não querem o sincretismo. Mas tem que haver. Se não fosse o sincretismo, como é que o candomblé iria sobreviver até hoje? Teria morrido. Agora, eles não gostam quando eu falo isso. Mas eu falo o que sinto. Não falo pelos outros, falo por mim.

P – O senhor é devoto de Santo Antônio e de São Francisco de Assis e vai sempre à cidade de Assis, na Itália, venerar São Francisco. Como é que o senhor lida com isso dentro do candomblé? Existe preconceito?
R – *Se há preconceitos, é com eles. Eu sou eu. Nunca tive conflito. E, agora, tem mais uma coisa: eu sou do santo, católico e espírita. Assim como na família: nem todos são iguais, mas convivem bem. Não é isso? É uma questão de fé.*

Não apenas o sincretismo, mas também a convivência, nem sempre pacífica, é verdade, entre religiões em solo e corações brasileiros. A partir da entrevista de Agenor Miranda, evocam, ainda, os seguintes versos de Zeca Pagodinho ("Ogum"):

> *Sim, vou à igreja festejar meu protetor*
> *E agradecer por eu ser mais um vencedor*
> *Nas lutas, nas batalhas.*
> *Sim, vou ao terreiro pra bater o meu tambor*
> *Bato cabeça firmo ponto sim senhor*
> *Eu canto pra Ogum*

A espiritualidade do povo brasileiro é bastante dialógica, sincrética e dinâmica.

A principal forma de sincretismo com Oxum é Nossa Senhora Aparecida:

NOSSA SENHORA APARECIDA (12 de outubro) – A aproximação de Oxum com Nossa Senhora Aparecida se dá por diversos fatores, sobretudo porque aquela que é hoje a Padroeira do Brasil foi encontrada (Imagem escurecida que foi associada à pele negra.) no rio Paraíba, em 1717. Além disso,

Nossa Senhora Aparecida, rainha, tem um manto salpicado de dourado, bem como uma coroa de ouro, que lhe foram acrescidos ao longo do tempo.

Comidas e bebidas

A cozinha é local para o preparo de pratos ritualísticos e mesmo para cuidados gerais da casa. Alguns terreiros (em especial de Umbanda) não dispõem de cozinha, sendo utilizada a da casa do dirigente espiritual ou de algum médium.

Em linhas gerais, o uso ritualístico da cozinha pressupõe o mesmo respeito, o mesmo cuidado de outras cerimônias de Candomblé e Umbanda, como os xirês e as giras, as entregas (oferendas) e outros: roupas apropriadas, padrão de pensamento específico e centramento necessário etc.

Além disso, os médiuns devem ser cruzados para a cozinha e/ou estarem autorizados a nela trabalhar. No Candomblé, bem como em algumas casas de Umbanda com forte influência dos Cultos de Nação, destaca-se a figura da Iabassê, a responsável maior pelo preparo das comidas sagradas.

Embora se faça uso de comidas e bebidas sagradas em vários momentos da caminhada espiritual da vida dos filhos e sacerdotes/sacerdotisas, os momentos mais conhecidos são as chamadas obrigações. Cada vez mais se consideram as obrigações não apenas como um compromisso, mas, literalmente como uma maneira de dizer obrigado(a).

Em linhas gerais, as obrigações se constituem em oferendas feitas para, dentre outros, agradecer, fazer pedidos, reconciliar-se, isto é, reequilibrar a própria energia com as energias dos Orixás.

Os elementos oferendados, em sintonia com as energias de cada Orixá, serão utilizados pelos mesmos como combustíveis ou repositores energéticos para ações magísticas, da mesma forma que o álcool, o alimento e o fumo utilizados quando o médium está incorporado. Daí a importância de cada elemento ser escolhido com amor, qualidade, devoção e pensamento adequado.

Existem obrigações menores e maiores, variando de terreiro para terreiro; periódicas ou solicitadas de acordo com as circunstâncias, conforme o tempo de desenvolvimento mediúnico e a responsabilidade de cada um com seus Orixás; com sua coroa, como no caso da saída (Quando o médium deixa o recolhimento e, após período de preparação, apresenta solenemente seu Orixá, ou é, por exemplo, apresentado como sacerdote ou ogã.) e outros.

Embora cada casa siga um núcleo comum de obrigações fixadas e de elementos para cada uma delas, dependendo de seu destinatário, há uma variação grande de cores, objetos, características. Portanto, para se evitar o uso de elementos incompatíveis para os Orixás, há que se dialogar com a Espiritualidade e com os dirigentes espirituais, a fim de que tudo seja corretamente empregado ou, conforme as circunstâncias, algo seja substituído.

A cozinha dos Orixás migrou para as mesas e barracas de quitutes brasileiros, pela variedade de sabores, temperos e cores.

- Comidas de Oxum: banana frita, ipeté (prato à base de inhame), omolocum (prato à base de feijão-fradinho), moqueca de peixe e pirão (com cabeça de peixe), quindim.
- Bebida: champanha.

Corpo humano e chacras

Por serem ecológicas, as religiões de mátria africana visam ao equilíbrio do trinômio corpo, mente e espírito (holismo); isto é, a saúde física, o padrão de pensamento e o desenvolvimento espiritual de cada indivíduo.

O corpo humano traz em si os quatro elementos básicos da natureza, aos quais se ligam os Orixás. É o envoltório, a casa do espírito, sente dor e prazer. É, ainda, o meio (médium) pelo qual a Espiritualidade literalmente se corporifica, seja por meio da chamada incorporação, intuição, psicografia etc. Portanto, deve ser tratado com equilíbrio, respeito e alegria.

Assim como na tradição hebraico-cristã, segundo a qual Deus e os seres humanos viviam juntos no Éden, a tradição iorubá relata que havia livre acesso aos seres humanos entre o Aiê (Em tradução livre, o plano terreno.) e o Orum (Em tradução livre, o plano espiritual.).

Com a interrupção desse acesso, foi necessário estabelecer uma nova ponte, por meio do culto aos Orixás, em África, o que se amalgamou e resultou, no Brasil, no Candomblé e, em linha histórica diacrônica (Para a Espiritualidade o *timing* é sincrônico e em espiral.), nas demais religiões de matriz africana.

No relato registrado e anotado por Reginaldo Prandi[5]:

*No começo não havia separação entre
o Orum, o Céu dos orixás,
e o Aiê, a Terra dos humanos.
Homens e divindades iam e vinham,
coabitando e dividindo vidas e aventuras.
Conta-se que, quando o Orum fazia limite com o Aiê,
um ser humano tocou o Orum com as mãos sujas.
O céu imaculado do Orixá fora conspurcado.
O branco imaculado de Obatalá se perdera.
Oxalá foi reclamar a Olorum.
Olorum, Senhor do Céu, Deus Supremo,
irado com a sujeira, o desperdício e a displicência dos mortais,
soprou enfurecido seu sopro divino
e separou para sempre o Céu da Terra.
Assim, o Orum separou-se do mundo dos homens
e nenhum homem poderia ir ao Orum e retornar de lá
com vida.
E os orixás também não podiam vir à Terra com seus corpos.
Agora havia o mundo dos homens e o dos orixás,
separados.
Isoladas dos humanos habitantes do Aiê, as divindades
entristeceram.
Os orixás tinham saudades de suas peripécias entre
os humanos
e andavam tristes e amuados.*

---

5. A escolha se deu porque Prandi, em seus textos literários, é verdadeiro griô (contador de histórias), mestre das palavras que honram, na escrita, a oralidade africana.

Foram queixar-se com Olodumaré, que acabou consentindo
que os orixás pudessem vez por outra retornar à Terra.
Para isso, entretanto, teriam que tomar o corpo material de seus devotos.
Foi a condição imposta por Olodumaré
Oxum, que antes gostava de vir à Terra brincar com as mulheres,
dividindo com elas sua formosura e vaidade,
ensinando-lhes feitiços de adorável sedução e irresistível encanto,
recebeu de Olorum um novo encargo:
preparar os mortais para receberem em seus corpos os orixás.
Oxum fez oferendas a Exu para propiciar sua delicada missão.
De seu sucesso dependia a alegria dos seus irmãos e amigos orixás.
Veio ao Aiê e juntou as mulheres à sua volta,
banhou seus corpos com ervas preciosas,
cortou seus cabelos, raspou suas cabeças,
pintou seus corpos.
Pintou suas cabeças com pintinhas brancas,
como as pintas das penas da conquém,
como as penas da galinha-d'angola.
Vestiu-as com belíssimos panos e fartos laços,
enfeitou-as com joias e coroas.
O ori, a cabeça, ela adornou ainda com a pena ecodidé,
pluma vermelha, rara e misteriosa do papagaio-da-costa.
Nas mãos as fez levar abebês, espadas, cetros,
e nos pulsos, dúzias de dourados indés[6].

---
6. Indé – pulseira.

O colo cobriu com voltas e voltas de coloridas contas
e múltiplas fieiras de búzios, cerâmicas e corais.
Na cabeça pôs um cone feito de manteiga de ori,
finas ervas e obi mascado,
com todo condimento de que gostam os orixás.
Esse oxô atrairia o orixá ao ori da iniciada e
o orixá não tinha como se enganar em seu retorno ao Aiê.
Finalmente as pequenas esposas estavam feitas,
estavam prontas, e estavam odara[7].
As iaôs eram a noivas mais bonitas
que a vaidade de Oxum conseguia imaginar.
Estavam prontas para os deuses.
Os orixás agora tinham seus cavalos,
podiam retornar com segurança ao Aiê,
podiam cavalgar o corpo das devotas.
Os humanos faziam oferendas aos orixás,
convidando-os à Terra, aos corpos das iaôs.
Então os orixás vinham e tomavam seus cavalos.
E, enquanto os homens tocavam seus tambores,
vibrando os batás e agogôs, soando os xequerês e adjás,
enquanto os homens cantavam e davam vivas e aplaudiam,
convidando todos os humanos iniciados para a roda do xirê,
os orixás dançavam e dançavam e dançavam.
Os orixás podiam de novo conviver com os mortais.
Os orixás estavam felizes.
Na roda das feitas, no corpo das iaôs,
eles dançavam e dançavam e dançavam.
Estava inventado o candomblé.

---

7. Odara – lindo(a).

Com relação ao corpo humano, Oxum rege o coração e órgãos reprodutores femininos.

Em termos gerais, chacras (rodas) são centros de energia físico-espirituais espalhados por diversos pontos dos corpos físico e espirituais que revestem o físico. Os chacras mais conhecidos são sete, mas os que estão nas mãos e pés são também muito importantes para o exercício da mediunidade.

O chacra a que se associa a Oxum é chacra umbilical, 3º Chacra, cujo nome em sânscrito é Manipura (Cidade das joias).

Nomes mais conhecidos em português: Plexo Solar; Umbilical.

Localizado na região do diafragma, pouco acima do estômago, quando ativo tem a cor amarela.

Seu elemento correspondente no mundo físico é o fogo. Seu som correspondente, segundo segmentos religiosos indianos, é RAM. O centro físico do plexo solar corresponde ao pâncreas, responsável pela transformação e digestão dos alimentos. O pâncreas produz o hormônio insulina, o qual equilibra o açúcar no sangue e transforma o hidrato de carbono. Além disso, as enzimas isoladas pelo pâncreas são fundamentais para a assimilação de gorduras e proteínas.

O plexo solar é o centro psicológico para a evolução da mente pessoal e da vontade de saber, aprender, comunicar e participar. Acumula padrões negativos decorrentes dos esforços para desenvolver a inteligência, a expressão de ideias, pensamentos e sonhos. Quando em desequilíbrio, produz, dentre outros, desordens no trato digestivo, diabetes, alergias, sinusite e insônia. Também regido por Ogum.

Elemento e ponto de força

Pontos da natureza são pontos de forças naturais, tais como pedreiras, matas, cachoeiras etc. Pontos de força são locais que funcionam como verdadeiros portais para a Espiritualidade.

Cada centro de força corresponde a determinado Orixá, Guia ou Guardião, por afinidades de elementos. Além dos pontos da natureza, há outros como cemitérios e estradas, por exemplo.

Os pontos de força relacionados a Oxum são cachoeiras e rios.

A respeito da relação entre os Orixás e os quatro elementos básicos, vale a pena uma breve descrição sobre os Elementais.

Elementais

Os elementais são seres conhecidos nas mais diversas culturas, com características e roupagens mais ou menos semelhantes. Ligam-se aos chamados quatro elementos (terra, água, ar, fogo), daí sua importância ser reconhecida na Umbanda, a qual se serve dos referidos elementos, tanto em seus aspectos físicos quanto em sua contrapartida etérica.

Elemento Terra

Dríades	Trabalham nas florestas, diretamente nas árvores, ligam-se ao campo vibratório do Orixá Oxóssi. Possuem cabelos compridos e luminosos.
Gnomos	Trabalham no duplo etérico das árvores.
Fadas	Manipulam a clorofila das plantas (matizes e fragrâncias), de modo a formar pétalas e brotos. Associam-se à vida das células da relva e de outras plantas.
Duendes	Cuidam da fecundidade da terra, das pedras e dos metais preciosos e semipreciosos.

Elemento Água

Sereias	Atuam nas proximidades de oceanos, rios e lagos, com energia e forma graciosas.
Ondinas	Atuam nas cachoeiras, auxiliando bastante nos trabalhos de purificação realizados pela Umbanda nesses pontos de força.

Elemento Ar

Silfos	Apresentam asas, como as fadas, movimentando-se com grande rapidez. Atuam sob a regência de Oxalá.

Elemento Fogo

Salamandras	Atuam na energia ígnea solar e no fogo de modo geral. Apresentam-se como correntes de energia, sem se afigurarem propriamente como humanos.

Incompatibilidades

As chamadas quizilas (Angola) ou euós (iorubá) são energias que destoam das energias dos Orixás, seja no tocante à alimentação, hábitos, cores etc. No caso da Umbanda, as restrições alimentares, de bebidas, cores etc. ocorrem nos dias de gira, em períodos e situações específicas.

Fora isso, tudo pode ser consumido, sempre de modo equilibrado. Ao contrário, no Candomblé, há, por exemplo, comidas (frutas, pratos e outros) de determinado Orixá que, em dadas circunstâncias (Orixá de cabeça, Orixá chefe do terreiro etc.) só devem ser consumidas no próprio terreiro, e não no dia a dia.

As principais incompatibilidades de Oxum, segundo alguns segmentos afro-religiosos tradicionais são abacaxi e barata. Certamente, contudo, a maior incompatibilidade é o desamor, o rancor, o ódio.

Ervas e flores

Fundamentais nos rituais de Umbanda, para banhos, defumações, chás e outros, as ervas devem ser utilizadas com orientação da Espiritualidade e do dirigente espiritual.

Não apenas os nomes das ervas variam de região para região, de casa para casa, mas também as maneiras de selecioná-las, manipulá-las e prepará-las. Daí a necessidade de orientação e direcionamento para seu uso ritualístico.

Banhos

A água, enquanto elemento de terapêutica espiritual, é empregada em diversas tradições espirituais e/ou religiosas. Na Umbanda, em poucas palavras, pode-se dizer que a indicação, as formas de preparo, os cuidados, a coleta, sua ritualística ou a compra de folhas, dentre tantos aspectos, devem ser orientados pela Espiritualidade e/ou pela direção espiritual de uma casa.

As variações são muitas, contudo procuram atender a formas específicas de trabalhos, bem como aos fundamentos da Umbanda.

A seguir um quadro sintético dos tipos mais comuns de banhos empregados na Umbanda.

Banhos de descarga/ descarrego	Servem para livrar a pessoa de energias deletérias, de modo a reequilibrá-la. Pode ser de ervas ou de sal grosso, ou, ainda, serem acrescidos outros elementos.
Banho de descarga com ervas	Após esse banho, as ervas devem ser recolhidas e despachadas na natureza ou em água corrente. Depois desse banho, aconselha-se um banho de energização.
Banho de sal grosso	Banho de limpeza energética, do pescoço para baixo, depois do qual comumente devem ser feitos banhos de energização, a fim de se equilibrarem as energias, visto que, além de retirar as negativas, também se descarregam as positivas. Alguns o substituem pelo próprio banho de mar.
Banhos de energização	Ativam as energias dos Orixás e Guias, afinando-as com as daquele que toma os banhos. Melhoram, portanto, a sintonia com a Espiritualidade, ativam e revitalizam funções psíquicas, melhoram a incorporação etc.
Amaci	Banho mais comum, da cabeça aos pés, ou só de cabeça, orientado por Entidades ou pelo Guia-chefe do dirigente espiritual. Existem também amacis periódicos para o corpo mediúnico, que ritualisticamente o toma.
Banho natural de cachoeira	Possui a mesma função dos banhos de mar, porém em água doce. O choque provocado pela queda d´água limpa energiza. Melhor ainda quando feito em cachoeiras próximas das matas e sob o Sol.

Banho natural de chuva	Limpeza de grande força, é associado ao Orixá Nanã.
Banho natural de mar	Muito bom para descarregos e energização, em especial sob a vibração de Iemanjá.

Sacudimentos

Ritual de limpeza espiritual com o intuito de expulsar energias negativas de pessoa ou ambiente.

Para tanto, empregam-se folhas fortes que são batidas na pessoa ou no ambiente ("surra"), pólvora queimada no local em que se realiza o ritual e, em algumas casas, comidas e aves em contato com a pessoa ou o ambiente, os quais serão posteriormente oferecidos aos eguns (as aves soltas, vivas).

O ritual é completado com banho, no caso de pessoa, e com a defumação do corpo ou do local do sacudimento.

No Candomblé e em algumas casas de Umbanda (geralmente as ditas cruzadas), também são utilizadas aves, que, depois do sacudimento, são soltas.

Defumações

Uma das mais conhecidas formas de limpeza energética feita na Umbanda, a defumação ocorre não apenas no início dos trabalhos (especialmente das giras), mas em outros locais e circunstâncias onde se fizerem necessárias.

As maneiras de se defumar um terreiro ou outro local variam (em casa ou local de trabalho, por exemplo, fazendo ou não um percurso em X em cada cômodo). Contudo, no caso de residência ou comércio, prevalece o hábito de se defumar dos fundos para a porta de entrada (limpeza) e da porta de entrada para os fundos (energização).

Com diversas variações, em virtude da diversidade litúrgica e terapêutica das religiões de matriz africana, associam-se a Oxum os seguintes elementos:

- Ervas: colônia, macaçá, oriri, santa-luzia, oripepê, pingo-d´água, agrião, dinheiro-em-penca, manjericão branco, calêndula, narciso, vassourinha (menos para banho), erva-de-santa-luzia (menos para banho), jasmim (menos para banho).
- Flores: lírio, rosa amarela, rosa branca, rosa champanha, dependendo do segmento religioso.

Planetas

Neste contexto, nem todo astro, segundo a Astronomia, é planeta; contudo essa é a terminologia mais comum nos estudos espiritualistas, esotéricos etc.

Os planetas associados a Oxum são Vênus e Lua.

- Lua: associada a ciclos, em especial ao feminino. Vale lembrar que uma pessoa desequilibrada psíquica e emocionalmente é chamada de "lunática", enquanto alguém distraído, isto é, cujo pensamento plane por outras paragens, é conhecido por "aluado(a)".

- Vênus: planeta do amor, do belo, da sedução, do encanto, características facilmente reconhecíveis em Oxum.

Algumas qualidades

Qualidades são tipos ou caminhos de determinado Orixá. São diversas as qualidades, com variações (Fundamentos, nações, casas, representações, entre Umbanda e Candomblé etc.). Enquanto, por exemplo, Iansã Topé caminha com Exu, Iansã Igbale caminha com Obaluaê. Xangô Airá, por sua vez, caminha com Oxalá.

Como são diversas as qualidades e variações[8], neste trabalho, optou-se por apresentar as qualidades como "algumas".

A seguir, algumas das qualidades mais conhecidas e comuns no Candomblé.

Algumas qualidades do orixá

Oxum Jimun	Qualidade de poder ter filhos, mas não incorporar neles. Assentada separadamente de outros Orixás, ligada a Iá Mi Oxorongá.
Oxum Ajagira	Caminha com Exu.
Oxum Pandá	Qualidade guerreira, manca de uma perna.
Oxum Karê	Também qualidade guerreira de Oxum.

---

8. No caso de Oxum, com variações, costumam aparecer sempre 16 qualidades. Por essa razão e a título de curiosidade, apresenta-se esta lista, mais completa, sistematizada por Carlos Alexandre de Camillis, o Cacau, Ogã e escritor.

Algumas qualidades do orixá

Oxum Apará	Guerreira, caminha com Iansã e Ogum. Apresenta quizila com Iemanjá Ogunté, o que representa o encontra das águas (rio e mar).
Oxum Abotô	Qualidade de Oxum que gosta de leque.
Oxum Abalô	Ligada aos Ibejis, gosta de crianças. Tanto seus assentamentos quanto suas obrigações podem ser acompanhadas de brinquedos. Embora seu assentamento não contenha areia, gosta desse elemento, recebendo oferendas na areia do rio ou da praia. Propicia filhos e favorece bons partos.
Oxum Toquén	Qualidade calma de Oxum.
Oxum Ianlá	Caminha com Oxalá e se veste de branco. Suas comidas não são temperadas com dendê, mas com azeite doce.
Ieiê Okê	Esposa de Odé, mãe de Logun-Edé.
Ieiê Ogá	Qualidade velha de Oxum, brigona, resmungona.
Oxum Merim	Jovem, vaidosa, rainha.
Oxum Oloxá	Caminha com Nanã. Seu ponto da natureza/ponto de força é o fundo do lago. Cultuada em separado das outras qualidades de Oxum.
Ieiê Olokó	Ligada ao Orixá Ossaim.
Ieiê Sissi	Caminha com Obaluaê, sendo também ligada a Xangô.
Ieiê Odô	Ligada a Iemanjá, pode ser cultuada em águas salgadas.

Registros

A oralidade é bastante privilegiada no Candomblé, tanto para a transmissão de conhecimentos e segredos (os awós) quanto para a aprendizagem de textos ritualísticos. Nesse contexto, entre cantigas e rezas, que recebem nomes diversos conforme a Nação, destacam-se os itãs e os orikis.

Itãs são relatos míticos da tradição iorubá, notadamente associados aos 256 odus (16 odus principais X 16).

Conforme a tradição afro-brasileira, cada ser humano é ligado diretamente a um Odu, que lhe indica seu Orixá individual, bem como sua identidade mais profunda. Variações à parte (Nações, casas etc.), os dezesseis Odus principais são assim distribuídos:

Caídas	Odus	Regências
01 búzio aberto e 15 búzios fechados	Okanran	Fala: Exu Acompanham: Xangô e Ogum
02 búzios abertos e 14 búzios fechados	Eji-Okô	Fala: Ibejis Acompanham: Oxóssi e Exu
03 búzios abertos e 13 búzios fechados	Etá-Ogundá	Fala: Ogum

Caídas	Odus	Regências
04 búzios abertos e 12 búzios fechados	Irosun	Fala: Iemanjá Acompanham: Ibejis, Xangô e Oxóssi
05 búzios abertos e 11 búzios fechados	Oxé	Fala: Oxum Acompanha: Exu
06 búzios abertos e 10 búzios fechados	Obará	Fala: Oxóssi Acompanham: Xangô, Oxum, Exu
07 búzios abertos e 09 búzios fechados	Odi	Fala: Omulu/Obaluaê Acompanham: Iemanjá, Ogum, Exu e Oxum
08 búzios abertos e 08 búzios fechados	Eji-Onilé	Fala: Oxaguiã
09 búzios abertos e 07 búzios fechados	Ossá	Fala: Iansã Acompanham: Iemanjá, Obá e Ogum
10 búzios abertos e 06 búzios fechados	Ofun	Fala: Oxalufá Acompanham: Iansã e Oxum
11 búzios abertos e 05 búzios fechados	Owanrin	Fala: Oxumarê Acompanham: Xangô, Iansã e Exu
12 búzios abertos e 04 búzios fechados	Eji-Laxeborá	Fala: Xangô
13 búzios abertos e 03 búzios fechados	Eji-Ologbon	Fala: Nanã Buruquê Acompanha: Omulu/Obaluaê

Caídas	Odus	Regências
14 búzios abertos e 02 búzios fechados	Iká-Ori	Fala: Ossaim Acompanham: Oxóssi, Ogum e Exu
15 búzios abertos e 01 búzio fechado	Ogbé-Ogundá	Fala: Obá
16 búzios abertos	Alafiá	Fala: Orumilá

O vocábulo "itã" quase não é empregado na Umbanda, contudo os relatos míticos/mitológicos se disseminam com variações, adaptações etc.

Uma das características da Espiritualidade do Terceiro Milênio é a (re)leitura e a compreensão do simbólico. Muitos devem se perguntar como os Orixás podem ser tão violentos, irresponsáveis e mesquinhos, como nas histórias aqui apresentadas. Com todo respeito aos que creem nesses relatos ao pé da letra, as narrativas são caminhos simbólicos riquíssimos encontrados para tratar das energias de cada Orixá e de valores pessoais e coletivos. Ao longo do tempo puderam ser ouvidas e lidas como índices religiosos, culturais, pistas psicanalíticas, oralitura e literatura.

Para vivenciar a espiritualidade das religiões de matriz africana de maneira plena, é preciso distinguir a letra e o espírito, não apenas no tocante aos mitos e às lendas dos Orixás, mas também aos pontos cantados, aos orikis etc.

Quando se desconsidera esse aspecto, existe a tendência de se desvalorizar o diálogo ecumênico e inter-religioso, assim como a vivência pessoal da fé. O simbólico é um grande instrumento para a reforma íntima, o autoaperfeiçoamento, a evolução.

Ressignificar esses símbolos, seja à luz da fé ou da cultura, é valorizá-los ainda mais, em sua profundidade e também em sua superfície, ou seja, em relação ao espírito e ao corpo, à transcendência e ao cotidiano, uma vez que tais elementos se complementam.

Um ouvinte/leitor mais atento à interpretação arquetípica psicológica (ou psicanalista) certamente se encantará com as camadas interpretativas da versão apresentada para o relato do ciúme que envolve Obá e Oxum em relação ao marido, Xangô.

Os elementos falam por si: Oxum simula cortar as duas orelhas para agradar ao marido; Obá, apenas uma. O ciúme, como forma de apego, é uma demonstração de afeto distorcida unilateral, embora, geralmente, se reproduza no outro, simbioticamente, pela lei de atração dos semelhantes, segundo a qual não há verdugo e vítima, mas cúmplices, muitas vezes inconscientes.

A porção mutilada do ser é a orelha, que na abordagem holística, associa-se ao órgão sexual feminino, ao aspecto do côncavo, e não do convexo. Aliás, *auricula* (*orelha*, em latim) significa, literalmente, *pequena vagina*. O fato de não haver relação direta entre latim e iorubá apenas reforça que o inconsciente coletivo e a sabedoria ancestral são comuns a todos e independem de tempo e espaço.

Na definição de Nei Lopes, oriki é: "Espécie de salmo ou cântico de louvor da tradição iorubá, usualmente declamado ao ritmo de um tambor, composto para ressaltar atributos e realizações de um orixá, um indivíduo, uma família ou uma cidade.".

Enquanto gênero, o oriki é constantemente trazido da oralitura para a literatura, sofrendo diversas alterações. Uma delas é o chamado orikai, termo cunhado por Arnaldo Xavier, citado por Antonio Risério:

> *[...] para haicai (Poema de origem japonesa com características próprias, porém também com uma série de adaptações formais específicas à poesia de cada país.) que se apresente com oriki (Especialmente no que tange ao louvor e à ressignificação de atributos dos Orixás.).*

Na Umbanda, os pontos cantados são alguns dos responsáveis pela manutenção da vibração das giras e de outros trabalhos. Verdadeiros mantras, mobilizam forças da natureza, atraem determinadas vibrações, Orixás, Guias e Entidades.

Com diversidade, o ponto cantado impregna o ambiente de determinadas energias enquanto o libera de outras finalidades, representa imagens e traduz sentimentos ligados a cada vibração, variando de Orixá para Orixá, Linha para Linha, circunstância para circunstância etc. Aliado ao toque e às palmas, o ponto cantado é um fundamento bastante importante na Umbanda e em seus rituais.

Em linhas gerais, dividem-se em pontos de raiz, trazidos pela Espiritualidade, e terrenos, elaborados por encarnados e apresentados à Espiritualidade, que os ratifica.

Há pontos cantados que migraram para a Música Popular Brasileira (MPB) e canções de MPB que são utilizadas como pontos cantados em muitos templos.

A seguir, exemplos de itãs, orikis, pontos cantados, canções e uma narrativa para crianças.

Itãs

Oxalá tinha três mulheres, sendo a principal uma filha de Oxum. As outras duas nutriam grande ciúmes da filha de Oxum, a qual cuidava dos paramentos e das ferramentas de Oxalá.

Sempre buscando prejudicar a filha de Oxum, um dia em que as ferramentas de Oxalá secavam ao sol enquanto a filha de Oxum cuidava de outros afazeres, as outras duas esposas os pegaram e os jogaram ao mar. A filha de Oxum ficou inconsolável.

Uma menina que era criada pela filha de Oxum tentou consolá-la, porém nada animava a principal esposa de Oxalá.

Ouvindo um pescador passando pela rua apregoando seus peixes, a filha de Oxum pediu para a menina comprar alguns para a festa que se organizava. Quando os peixes, foram abertos, ali estavam as ferramentas de Oxalá.

As outras duas esposas de Oxalá não desistiram de prejudicar a filha de Oxum e armaram novo estratagema.

No dia da festa, ao lado do trono de Oxalá, à sua direita, estava a cadeira da esposa principal. Em dado momento, quando ela se ausentou, as outras duas esposas colocaram na cadeira um preparado mágico. Quando a esposa principal de Oxalá se sentou, percebeu que estava sangrando e saiu em disparada. Oxalá, indignado por ela haver quebrado um tabu, expulsou-a.

A filha de Oxum, então, foi à casa de sua mãe, em busca de auxílio. Oxum preparou-lhe um banho de folhas numa bacia. Depois do banho, envolveu a filha em panos limpos e a pôs para descansar numa esteira. A água da bacia, vermelha, havia se transformado nas penas ecodidé, raras e preciosas.

Oxalá gostava muito dessas penas, contudo tinha dificuldade em encontrá-las. Ouviu dizer que Oxum tinha essas penas, pois a filha de Oxum andara aparecendo em algumas festas ornada com penas ecodidé. Foi, então, à casa de Oxum, onde encontrou a própria esposa, a quem reabilitou.

Então, Oxalá colocou uma pena vermelha em sua testa e decretou que, a partir daquele dia, os iniciados passariam a usar uma pena igual em suas testas, ornando as cabeças raspadas e pintadas, para que os Orixás mais facilmente os identificassem.

Um dos mais lindos itãs a respeito do feminino e da compreensão de seus ciclos por parte do masculino. Note-se que Oxalá, para quem o vermelho é tabu, acaba por incorporar essa cor, em respeito ao feminino.

Um dia Orumilá saiu para um passeio, acompanhado de seu séquito. Pelo caminho, encontrou outro séquito no qual se destacava uma linda mulher. Enviou, então, Exu, seu mensageiro, para saber quem era ela. A mulher se identificou como Iemanjá, rainha das águas esposa de Oxalá.

Exu repassou a informação a Orumilá, que solicitou que ela fosse convidada para seu palácio. Iemanjá não atendeu ao convite de pronto, mas um dia foi ao palácio de Orumilá, de onde voltou grávida e deu à luz uma linda menina.

Iemanjá tinha outros filhos com seu marido. Então, Orumilá enviou Exu para comprovar se a menina seria sua filha. O mensageiro verificou se ela teria mancha, marca ou caroço na cabeça. Conforme as marcas de nascença, a paternidade foi comprovada e atribuída a Orumilá.

A menina foi, então, levada para viver com o pai, que lhe satisfazia as vontades, os caprichos, cobrindo-a de dengos.
Essa menina é Oxum.

Relato que explica os dengos e as delícias de Oxum.

Desde o início do mundo os Orixás masculinos decidiam tudo, porém excluíam as mulheres. Como Oxum não se conformava com essa atitude, deixou as mulheres estéreis. Os homens foram consultar Olorum, que os aconselhou a convidar Oxum e as outras mulheres para participarem das reuniões e decisões. Assim fizeram, e as mulheres voltaram a gerar filhos.

O feminino, complementar ao masculino, forma a dualidade de onde brota e viceja a síntese da criação.

Oriki

O oriki a seguir é uma transcrição do iorubá para o português feita por Antonio Risério.

Oxum, mãe da clareza
Graça clara
Mãe da clareza
Enfeita filho com bronze
Fabrica fortuna na água
Cria crianças no rio
Brinca com seus braceletes
Colhe e acolhe segredos
Cava e encova cobres na areia.

Fêmea força que não se afronta
Fêmea de quem macho foge
Na água funda se assenta profunda
Na fundura da água que corre.
Oxum do seio cheio
Ora Ieiê, me proteja
És o que tenho –
Me receba.

Delicadeza, sensualidade e maternidade são alguns dos atributos elencados e cantados nesse oriki.

Pontos cantados

Eu vi Mamãe Oxum chorando
Foi uma lágrima que eu fui Apará (2X)

Ora iê iê, oh minha Mãe Oxum
Oh deixa a nossa Umbanda melhorar (2X)

Eu vi Mamãe Oxum na cachoeira
Senta na beira do rio (2X)

Colhendo lírio lírio ê, colhendo lírio lírio ah
Colhendo lírio pra enfeitar o seu congá (2X)

Associada às águas doces, às cachoeiras, por vezes chorando (Lágrimas: pequenas cachoeiras que brotam dos olhos, da alma.), Oxum é a mãe amorosa. No primeiro ponto há trocadilho entre o verbo "aparar" e a qualidade "Apará" de Oxum, guerreira, que, além do espelho carrega uma espada e caminha com Ogum e Iansã.

Mpb

É d´Oxum
(Gerônimo Santana/Vevé Calazans)

Nessa cidade todo mundo é d'Oxum
Homem, menino, menina, mulher
Toda essa gente irradia a magia
Presente na água doce
Presente na água salgada e toda cidade brilha
Presente na água doce
Presente na água salgada e toda cidade brilha

Seja tenente ou filho de pescador
Ou importante desembargador
Se dar presente é tudo uma coisa só
A força que mora n'água
Não faz distinção de cor
E toda cidade é d'Oxum
A força que mora n'água
Não faz distinção de cor
E toda cidade é d'Oxum

É d'Oxum, é d'Oxum ô, é d'Oxum

Refrão
Eu vou navegar
Eu vou navegar nas ondas do mar eu vou
Navegar, eu vou navegar
Eu vou navegar nas ondas do mar eu vou
Navegar, eu vou navegar
Eu vou navegar nas ondas do mar eu vou
Navegar, eu vou navegar, é d'Oxum

"É d´Oxum" tornou-se verdadeiro hino da cidade de Salvador, não havendo festa pública, apresentação musical e outros em que não seja tocada, cantada, coreografada e acompanhada por todos.

Oração de Mãe Menininha
(Dorival Caymmi)

2 vezes {
Ai! Minha mãe
Minha mãe Menininha
Ai! Minha mãe
Menininha do Gantois
}

A estrela mais linda, hein
Tá no Gantois

E o sol mais brilhante, hein
Tá no Gantois

A beleza do mundo, hein
Tá no Gantois

E a mão da doçura, hein
Tá no Gantois

O consolo da gente, ai
Tá no Gantois

E a Oxum mais bonita hein
Tá no Gantois

Olorum quem mandou essa filha de Oxum
Tomar conta da gente e de tudo cuidar
Olorum quem mandou eô ora iê iê ô

Ícone do Candomblé, conhecida por sua doçura, Menininha era filha de Oxum, da qualidade Merim.[9]

O Canto de Oxum
(Vinicius de Moraes e Toquinho)

Refrão (2 vezes):
> Nhem-nhem-nhem
> Nhem-nhem-nhem-xorodô
> Nhem-nhem-nhem-xorodô
> É o mar, é o mar
> Fé-fé xorodô...

Xangô andava em guerra,
Vencia toda a terra,
Tinha, ao seu lado, Iansã
Pra lhe ajudar.

Oxum era rainha,
Na mão direita tinha
O seu espelho, onde vivia
A se mirar.

---

9. Como relato em meu livro *Xirê: orikais – canto de amor aos orixás*, em minha infância, "eu ouvia fascinado minha mãe cantar os versos de 'Oração à Mãe Menininha': 'ai, minha mãe, minha mãe Menininha', pois achava tão sensível ela chamar a própria mãe, idosa e já desencarnada, de menininha. Não imaginava haver uma ialorixá com esse nome, esse apelido carinhoso. Também minha mãe usava em minha infância perfume de alfazema, aquele mesmo cheiro bom das festas de largo de Salvador que eu frequentaria anos depois, o mesmo com que gosto de perfumar minha Mãe Oxum.". Minha primeira ida ao Gantois se deu depois de várias estadas em Salvador, acompanhado por uma das idealizadoras do Memorial de Mãe Menininha, a restauradora Norma Cardins, a quem muito agradeço e quem costumo chamar de "dona das ruas da Bahia", pelo acesso que me franqueia a lugares históricos, reservas técnicas de museus, festas e outros. De Norma recebi ainda o exemplar de "Memorial Mãe Menininha do Gantois", rico volume com seleta do acervo do Memorial, com a seguinte dedicatória: "Ele, esse exemplar, foi lançado no quarto dos santos antes do lançamento oficial. Tem, sim, muito Axé.".

(Refrão)

Quando Xangô voltou,
O povo celebrou.
Teve uma festa que
Ninguém mais esqueceu.

Tão linda Oxum entrou,
Que veio o rei Xangô
E a colocou no trono
Esquerdo ao lado seu.

(Refrão)

Iansã, apaixonada,
Cravou a sua espada
No lugar vago que era
O trono da traição.

Chamou um temporal
E, no pavor geral,
Correu dali, gritando
A sua maldição:
"Eparrei, Iansã!"

(Refrão)

A canção recria a disputa entre Oxum e Iansã pelo amor de Xangô, retratada em tantos relatos mitológicos.

Quando o céu clarear
(Roque Ferreira)

Quando o céu clarear por cima do meu congado
Oxum vai descer com Xangô num cortejo dourado
Flor que a noite adormeceu vai despertar,
Perfumar o rio, a fonte, a lagoa e a beira do mar.
Oxum vai se banhar nos braços de Xangô quando céu Clarear

Refrão (2 vezes) {
Quando o céu clarear, quando o céu clarear, vou levar
Meu amor pra lá quando o céu clarear

O meu amor vai se iluminar
Quando o povo das águas chegar
E a estrela de Oxum brilhar
Obá de Xangô vai batendo o tambor pra meu amor dançar.

(Refrão)

O amor de Oxum por Xangô, a relação entre a água e o fogo, a síntese entre esses dois elementos dão o tom dessa canção.

Em seguida, há duas canções populares que falam da devoção a Nossa Senhora, em especial Nossa Senhora Aparecida.

Romaria
(Renato Teixeira)

É de sonho e de pó
O destino de um só
Feito eu perdido
Em pensamentos
Sobre o meu cavalo

É de laço e de nó
De jibeira o jiló
Dessa vida
Cumprida a só

Refrão (2 vezes)
Sou caipira, pirapora
Nossa Senhora de Aparecida
Ilumina a mina escura e funda
O trem da minha vida

O meu pai foi peão
Minha mãe solidão
Meus irmãos
Perderam-se na vida
Em busca de aventuras

Descasei, joguei
Investi, desisti
Se há sorte
Eu não sei, nunca vi

(Refrão)

Me disseram, porém
Que eu viesse aqui
Prá pedir em
Romaria e prece
Paz nos desaventos

Como eu não sei rezar
Só queria mostrar
Meu olhar, meu olhar
Meu olhar

(Refrão)

Nossa Senhora
(Roberto Carlos)

Cubra-me com seu manto de amor
Guarda-me na paz desse olhar
Cura-me as feridas e a dor me faz suportar

Que as pedras do meu caminho
Meus pés suportem pisar
Mesmo ferido de espinhos me ajude a passar

Se ficaram mágoas em mim
Mãe tira do meu coração
E aqueles que eu fiz sofrer, peço perdão

Se eu curvar meu corpo na dor
Me alivia o peso da cruz
Interceda por mim minha Mãe, junto a Jesus

Nossa Senhora, me dê a mão
Cuida do meu coração
Da minha vida, do meu destino
Nossa Senhora, me dê a mão
Cuida do meu coração
Da minha vida, do meu destino
Do meu caminho
Cuida de mim

Sempre que o meu pranto rolar
Ponha sobre mim suas mãos
Aumenta minha fé e acalma o meu coração

Grande é a procissão a pedir
A misericórdia, o perdão
A cura do corpo e pra alma, a salvação

Pobres pecadores, oh Mãe
Tão necessitados de Vós
Santa Mãe de Deus, tem piedade de nós

De joelhos aos Vossos pés
Estendei a nós Vossas mãos
Rogai por todos, nós Vossos filhos, meus irmãos

Nossa Senhora, me dê a mão
Cuida do meu coração
Da minha vida, do meu destino
Nossa Senhora, me dê a mão
Cuida do meu coração
Da minha vida, do meu destino
Do meu caminho
Cuida de mim

Oxum para crianças

Este texto, eu o escrevi para crianças, num ciclo de narrativas e relatos sobre as Iabás.

Oxum é menina que gosta de rios e cachoeiras, sempre dengosa, bem-vestida, aprumada. Adora arrumar os cabelos ao som das águas e se olhar no espelho para ver como está o penteado.

Por onde Oxum passa os peixes também navegam, trazendo um colorido para as águas. Oxum senta-se nas pedras e, com os pés na água, acaricia o dorso dos peixes.

Gosta de dançar na areia, à luz da lua. Pisa mansinho, miudinho, quase não se escutam seus passos.

Os pássaros comem em suas mãos, pois aí se sentem em casa. Sentem também o amor e a doçura de Oxum. Ela gosta de alegria, música, poesia, festa. Quer ver Oxum contente é convidá-la pra uma festa!

Oxum também gosta muito de flores, em especial as amarelas. Imagine sua alegria quanto vê um campo de girassóis! Seus amigos costumam fazer a seguinte surpresa: preparam um balaio bem bonito com flores e vão devagarinho até a beira do rio, colocam o balaio nas águas, batem palmas e cantam. Quando Oxum se vira para ver de onde vem tanta festa, o balaio segue a correnteza em sua direção; ela sorri e abre os braços para receber o presente. Todos ficam muito contentes. Outros preferem colocar rosas perto da cachoeira, que ela recolhe. Há também amigos que preferem plantar flores perto de uma cachoeira, para ela poder passear entre elas, até mesmo se sentar ali, ajeitar a roupa e, claro, alinhar os cabelos.

Quando Oxum caminha, na verdade ela dança! E não poderia ser diferente: o som de suas pulseiras convida o corpo a uma coreografia suave, ritmada.

Seu sorriso é sincero, acolhedor. Porém, como não existem apenas águas calmas, mas corredeiras fortes e rodamoinhos, Oxum também se zanga, em especial com toda a sujeira, todo o lixo jogados sem suas águas. Então seu olhar fica firme, ela bota a mão na cintura, bate o pezinho e aponta o dedo na direção dos sujismundos, pedindo que tomem mais cuidado com os rios, as nascentes, enfim com as águas. Ensina as crianças a não escovarem os dentes com a torneira aberta, a beberem água enquanto brincam e estudam, a não entrarem em águas onde não dá pé e a correnteza é braba.

No geral, Oxum resolve tudo na maior calma. Um dia alguém estava muito nervoso e queria discutir com Oxum. Ela deixou a pessoa esperando um bocado de tempo enquanto arrumava os cabelos, ajeitava as pulseiras, enfim. Quando terminou de se arrumar, a pessoa já havia ido embora e nem estava mais irritada.

Oxum adora comer com os amigos, à beira d´água, curtindo a paisagem. Gosta muito de banana frita e ipeté (feito à base de inhame), omolucum (prato preparado com feijão-fradinho), moqueca e pirão de peixe. De sobremesa, prefere quindim, aquele bem-feitinho, parecendo um sol.

Assim é Oxum, essa menina.

Orações

Na oração, mais importantes que as palavras são a fé e o sentimento. Entretanto, as palavras têm força e servem como apoio para expressar devoção, alegria, angústias etc. Por esse motivo, estão elencadas a seguir orações dedicadas a Oxum e a Nossa Senhora Aparecida.

Vale lembrar que, tanto na letra (palavras) quanto no espírito (motivação, sentimento), JAMAIS uma prece deve ferir o livre-arbítrio de outrem.

Ademais, ao orar, deve-se também abrir o coração para ouvir as respostas e os caminhos enviados pela Espiritualidade de várias maneiras, durante a própria prece, e ao longo de inúmeros momentos e oportunidades ao longo do dia e da caminhada evolutiva de cada um.

No tocante às orações católicas, as mesmas devem ser compreendidas no contexto dos dogmas e preceitos dessa religião, embora, quem faça uso das mesmas, nem sempre se valha dos conceitos ao pé da letra.

Recolhidas pelo site Povo de Aruanda.

Prece a Oxum

Oh, Mãe Oxum! Senhora dos rios e cascatas. Orixá das águas claras que lavam os males do mundo.

Deusa do Amor! Que o canto de suas águas embale meus sentimentos alimentando meu coração com as vibrações de paz e perdão.

Senhora do ouro, clareia meus caminhos.

Ora ye ye o!

Oração a Oxum

Oxum eu te chamo!
Não te chamo por causa de morte.
Não te chamo por causa da doença de alguém.
Te chamo para que tenhamos dinheiro.
Te chamo para que tenhamos filhos.
Te chamo para que tenhamos saúde.
Para que tenhamos uma vida serena.
Para que não sejamos vitimados pela ira das águas.

Nossa Senhora Aparecida

Oração a Nossa Senhora Aparecida

Querida Mãe Nossa Senhora Aparecida,
Vós que nos amais e nos guiais todos os dias,
Vós que sois a mais bela das mães
a quem eu amo de todo meu coração,
eu vos peço mais uma vez
que me ajudeis a alcançar uma graça;
e por mais difícil que seja, (pede-se a graça)

sei que me ajudará
e acompanhará sempre
até à hora da minha morte.

Oração a Nossa Senhora Aparecida, para uma mesa farta

Senhora Aparecida, Virgem das mãos postas e do sorriso compassivo, intercedei por nós junto ao vosso filho Jesus, para que não falte a ninguém o pão de cada dia, nem a paz e a harmonia.

Oração a Nossa Senhora Aparecida

Ó Incomparável Senhora da Conceição Aparecida, Mãe de Deus, Rainha dos Anjos, Advogada dos Pecadores, Refúgio e Consolação dos Aflitos, livrai-nos de tudo o que possa ofender-vos e a vosso Santíssimo Filho, meu Redentor e Querido Jesus Cristo. Virgem bendita dai proteção a mim e a minha família das doenças, da fome, assalto, raios e outros perigos que possam nos atingir. Soberana Senhora dirigi-nos em todos os negócios Espirituais e Temporais. Livrai-nos das tentações do demônio para que trilhando o caminho da virtude, pelos merecimentos de vossa puríssima Virgindade e o preciosíssimo sangue de vosso Filho, vos possamos ver, amar, e gozar da eterna glória, por todos os séculos. Amém!

Oração a Nossa Senhora Aparecida

Ó, incomparável Senhora da Conceição Aparecida, Mãe de Deus, Rainha dos Anjos, Advogada dos pecadores, refúgio e consolação dos aflitos e atribulados, Virgem Santíssima, cheia de poder e de bondade, lançai sobre nós um olhar favorável, para que sejamos socorridos por vós, em todas as necessidades em que nos acharmos.

Lembrai-vos, ó clementíssima Mãe Aparecida, que nunca se ouviu dizer que algum daqueles que têm a vós recorrido, invocado vosso santíssimo nome e implorado a vossa singular proteção, fosse por vós abandonado. Animados com esta confiança, a vós recorremos. Tomamos-vos para sempre por nossa Mãe, nossa protetora, consolação e guia, esperança e luz na hora da morte. Livrai-nos de tudo o que possa ofender-vos e ao vosso Santíssimo Filho, Jesus. Preservai-nos de todos os perigos da alma e do corpo; dirigi-nos em todos os assuntos espirituais e temporais. Livrai-nos da tentação do demônio, para que, trilhando o caminho da virtude, possamos um dia ver-vos e amar-vos na eterna glória, por todos os séculos dos séculos. Amém.

Oração a Nossa Senhora Aparecida

Ó, Virgem Maria, abençoada sois vós pelo Senhor Deus Altíssimo entre todas as mulheres da terra.

Vós sois a glória de Jerusalém, a alegria de Israel, a honra do nosso povo.

Salve, ó Virgem, honra de nossa terra, a quem rendemos um culto de piedade e veneração, a quem chamamos com o belo nome de Aparecida.

Quem poderia contar, ó doce Mãe, quantas graças, durante tantos anos, vós dispensastes ao povo brasileiro, compadecida dos nossos males?

Quisemos cingir vossa cabeça sagrada com uma coroa de ouro, que vos é devida por tantos títulos; continuai a dobrar-vos benignamente às nossas preces.

Quando erguemos aos céus nossas mãos suplicantes, ouvi, clemente, os nossos rogos, ó Virgem.

Conservai nossas almas afastadas da culpa e, por fim, conduzi-nos ao céu. Salvação, honra e poder Àquele que, uno e trio, nos fulgores do seu trono celeste, governa e rege todo o universo. Nossa Senhora da Conceição Aparecida, rogai por nós.

Oração a Nossa Senhora Aparecida

Senhora Aparecida, eu renovo, neste momento, a minha consagração.

Eu vos consagro os meus trabalhos, sofrimentos e alegrias, o meu corpo, a minha alma e toda a minha vida.

Eu vos consagro a minha família! Ó Senhora Aparecida, livrai-nos de todo o mal, das doenças e do pecado.

Abençoai as nossas famílias, os doentes, as criancinhas.

Abençoai a Santa Igreja, o Papa e os bispos, os sacerdotes e ministros, religiosos e leigos.

Abençoai a nossa paróquia, o nosso pároco.

Senhora Aparecida, lembrai-vos que sois Padroeira poderosa da nossa Pátria!

Abençoai o nosso governo. Abençoai, protegei, salvai o vosso Brasil! E dai-nos a vossa bênção.

Oração a Nossa Senhora Aparecida

Ó, Senhora minha, ó minha Mãe, eu me ofereço todo a vós; e, em prova de minha devoção para convosco, eu vos consagro neste dia os meus olhos, os meus ouvidos, a minha boca, o meu coração e inteiramente todo o meu ser.

Guardai-me e defendei-me, como coisa e propriedade vossa. Amém!

Oração a Nossa Senhora Aparecida

Senhora Aparecida, o Brasil é vosso!
Rainha do Brasil, abençoai a nossa gente!
Tende compaixão do vosso povo!
Socorrei os pobres!
Consolai os aflitos!
Iluminai os que não têm fé!
Convertei os pecadores!
Curai os nossos enfermos!
Protegei as criancinhas!
Lembrai-vos dos nossos parentes e benfeitores!
Guiai a mocidade!
Guardai nossas famílias!
Visitais os encarcerados!
Norteai os navegantes!
Ajudai os operários!
Orientai o nosso Clero!
Assisti os nossos bispos!
Conservai o Santo Padre!
Defendei a Santa Igreja!
Esclarecei o nosso Governo!
Ouvi os que estão presentes!
Não vos esqueçais dos ausentes!
Paz ao nosso povo!
Tranquilidade para a nossa terra!
Prosperidade para o Brasil!
Salvação a nossa Pátria!
Senhora Aparecida, o Brasil vos ama, o Brasil em vós confia!
Senhora Aparecida, o Brasil tudo espera de vós!

Senhora Aparecida, o Brasil vos aclama!
Salve, Rainha!
Amém!

Oração do papa João Paulo II na dedicação da Basílica Nacional de Nossa Senhora Aparecida

Nossa Senhora Aparecida!

Neste momento tão solene, tão excepcional, quero abrir diante de Vós, ó Mãe, o coração deste povo, no meio do qual quisestes morar de um modo tão especial – como no meio de outras nações e povos – assim como no meio daquela nação da qual eu sou filho.

Desejo abrir diante de Vós o coração da Igreja e o coração do mundo ao qual esta Igreja foi enviada pelo vosso Filho.

Desejo abrir-Vos também o meu coração.

Nossa Senhora Aparecida! Mulher revelada por Deus, que haveríeis de esmagar a cabeça da serpente (cf. Gên 3,15) na vossa Conceição Imaculada! Eleita desde toda a eternidade para ser a Mãe do Verbo Eterno, o qual, pela anunciação do Anjo, foi concebido no vosso seio virginal como Filho do Homem e verdadeiro Homem!

Unida mais estreitamente ao mistério da redenção do homem e do mundo, ao pé da cruz, no Calvário!

Dada como Mãe a todos os homens, sobre o Calvário, na pessoa de João, Apóstolo e Evangelista!

Dada como Mãe a toda a Igreja, desde a comunidade que se preparava para a vinca do Espírito Santo, à comunidade de todos os que peregrinam sobre a Terra, no decorrer da história dos povos e nações, dos países e continentes, das épocas e gerações!

Maria! Eu Vos saúdo e Vos digo "Ave" neste santuário, onde a Igreja do Brasil Vos ama, Vos venera e Vos invoca como Aparecida, como revelada e dada particularmente a ele! Como sua Mãe e Padroeira! Como Medianeira e Advogada junto ao Filho de quem sois Mãe! Como modelo de todas as almas possuidoras da verdadeira sabedoria e, ao mesmo tempo, da simplicidade da criança e daquela entranhada confiança que supera toda fraqueza e sofrimento!

Quero confiar-Vos de modo particular, este Povo e esta Igreja, todo este Brasil, grande e hospitaleiro, todos os vossos filhos e filhas, com todos os seus problemas a angústias, trabalhos e alegrias.

Quero fazê-lo como Sucessor de Pedro e Pastor da Igreja universal, entrando nesta herança de veneração e amor, de dedicação e confiança que, desde séculos, fez parte da Igreja do Brasil e de quantos a formam, sem olhar as diferenças de origem, raça ou posição social, e onde quer que habitem neste imenso país.

Todos eles, em este momento, voltados para Fortaleza, se interrogam: para onde vais?

Oh, Mãe! Fazei que a Igreja seja para este povo brasileiro sacramento de salvação e sinal da unidade de todos os homens, irmãos e irmãs de adoção do vosso Filho e filhos do Pai do Céu!

Oh, Mãe! Fazei que esta Igreja, e exemplo de Cristo, servindo constantemente o homem, seja a defensora de todos, em particular dos pobres e necessitados, dos socialmente marginalizados e espoliados.

Fazei que a Igreja do Brasil esteja sempre a serviço da justiça entre os homens e contribua ao mesmo tempo para o bem comum de todos e para a paz social.

Oh, Mãe! Abri os corações dos homens e dai a todos a compreensão de que somente no espírito do Evangelho e seguindo o Mandamento do Amor e as bem-aventuranças do Sermão da Montanha será possível construir um mundo mais humano, no qual será valorizada verdadeiramente a dignidade de todos os homens.

Oh, Mãe! Dai à Igreja, que nesta terra brasileira realizou no passado uma grande obra de evangelização e cuja história é rica de experiências, que, com novo zelo e amor pela missão recebida de Cristo, realize as suas tarefas de hoje.

Concedei-lhe para este fim numerosas vocações sacerdotais e religiosas, para que todo o Povo de Deus possa beneficiar-se do ministério dos dispensadores da Eucaristia e das testemunhas do Evangelho.

Oh, Mãe! Acolhei em vosso coração todas as famílias brasileiras! Acolhei os adultos e os anciãos, os jovens e as crianças! Acolhei também os doentes e todos aqueles que vivem na solidão!

Acolhei os trabalhadores do campo e da indústria, os intelectuais nas escolas e universidades, os funcionários de todas as instituições. Protegei-os a todos!

Não cesseis, Virgem Aparecida, pela vossa mesma presença, de manifestar nesta terra que o Amor é mais forte que a morte, mais poderoso que o pecado!

Não cesseis de mostrar-nos Deus, que amou tanto o mundo, a ponto de entregar o seu Filho Unigênito, para que nenhum de nós pereça, mas tenha a vida eterna! (cf. Jo 3,16).

Amém.

Prece que o autor sempre faz a Oxum/Nossa Senhora Aparecida, diariamente:

Debaixo da Vossa proteção nos refugiamos, ó Santa Mãe de Deus. Não desprezeis as nossas súplicas em nossas necessidades, mas livrai-nos sempre de todos os perigos, ó Virgem Gloriosa e Bendita.

Legislação

Como visto, a Umbanda, oficialmente, nasce do brado de um Caboclo, o Caboclo das Sete Encruzilhadas.

Em memória a esse fato, vejam-se alguns importantes marcos legais para o respeito à liberdade de culto das religiões de matriz africana:

- Constituição Federal de 1988 – artigos 3º, 4º, 5º, 215 e 216;
- Lei 9.459, de 13 de maio de 1997 (injúria racial);
- Lei 10.639, de 09 de janeiro de 2003 (Obrigatoriedade da inclusão da temática História e Cultura Afro-brasileira no currículo oficial da rede de ensino.);
- Lei 10.678, de 23 de maio de 2003 (Cria a Secretaria de Políticas de Promoção da Igualdade Racial.);
- Decreto 4.886, de 20 de novembro de 2003 (Instituição da Política Nacional de Promoção da Igualdade Racial.);
- Decreto 5.051, de 19 de abril de 2004 (Promulgação da Convenção 169 da Organização Internacional do Trabalho.);

- Resolução número 1, de 17 de junho de 2004, do Conselho Nacional de Educação (Diretrizes curriculares para educação das relações étnico-raciais e para o ensino de história e cultura afro-brasileira e africana.);
- Decreto 6.040, de 07 de fevereiro de 2007 (Instituição da Política Nacional de Desenvolvimento Sustentável dos Povos e Comunidades Tradicionais.);
- Decreto 6.177, de 1º de agosto de 2007 (Promulga a Convenção sobre a Proteção e Promoção da Diversidade das Expressões Culturais da Organização das Nações Unidas para a Educação, a Ciência e a Cultura – UNESCO.);
- Portaria 992, de 13 de maio de 2009 (Instituição da Política Nacional de Saúde Integral da População Negra.);
- Decreto 6.872, de 04 de junho de 2009 (Instituição do Plano Nacional de Promoção da Igualdade Racial.);
- Lei 12.288, de 20 de julho de 2010 (Estatuto da Igualdade Racial);
- Decreto 7.271, de 25 de agosto de 2010 (Diretrizes e objetivos da Política Nacional de Segurança Alimentar e Nutricional.).
- No dia 16 de maio de 2012 foi instituído pela presidenta Dilma Rousseff o dia Nacional da Umbanda (Lei 12.644). O projeto original é do deputado federal Carlos Santana (PL 5.687/2005). A data celebra as comunicações do Caboclo das Sete Encruzilhadas, por meio de Zélio Fernandino de Moraes, numa sessão

espírita, quando o referido Caboclo anunciou sua missão seria estabelecer um culto em que espíritos de negros e índios pudessem trabalhar conforme as diretrizes do Astral. Mesmo antes da instituição da lei federal, diversas cidades brasileiras, amparadas por leis municipais, já comemoravam oficialmente a data.

Bibliografia

Livros

AFLALO, Fred. *Candomblé: uma visão do mundo*. São Paulo: Mandarim, 1996. 2ª ed.

BARBOSA JÚNIOR, Ademir. *A Bandeira de Oxalá – pelos caminhos da Umbanda*. São Paulo: Nova Senda, 2013.

_____. *Curso essencial de Umbanda*. São Paulo: Universo dos Livros, 2011.

_____. *O essencial do Candomblé*. São Paulo: Universo dos Livros, 2011.

_____. *Guia prático de plantas medicinais*. São Paulo: Universo dos Livros, 2005.

_____. *Mitologia dos Orixás: lições e aprendizados*. São Bernardo do Campo: Anúbis, 2014.

_____. *Nanã*. São Bernardo do Campo: Anúbis, 2014.

_____. *Novo Dicionário de Umbanda*. São Paulo: Nova Senda, 2014.

_____. *Obaluaê*. São Bernardo do Campo: Anúbis, 2014.

_____. *Oxumaré*. São Bernardo do Campo: Anúbis, 2014.

_____. *Para conhecer a Umbanda*. São Paulo: Universo dos Livros, 2013.

_____. *Para conhecer o Candomblé*. São Paulo: Universo dos Livros, 2013.

_____. *Reiki: A Energia do Amor*. São Paulo: Nova Senda, 2014.

_____. *Transforme sua vida com a Numerologia*. São Paulo: Universo dos Livros, 2006.

_____. *Umbanda – um caminho para a Espiritualidade*. São Bernardo do Campo: Anúbis, 2014.

_____. *Xangô*. São Paulo: Universo dos Livros, 2013.

_____. *Xirê: orikais – canto de amor aos orixás*. Piracicaba: Editora Sotaque Limão Doce, 2010.

BARCELLOS, Mario Cesar. *Os Orixás e a personalidade humana*. Rio de Janeiro: Pallas, 2007. 4ª ed.

BORDA, Inivio da Silva et al. (org.). *Apostila de Umbanda*. São Vicente: Cantinho dos Orixás, s/d.

CABOCLO OGUM DA LUZ (Espírito). *Ilê Axé Umbanda*. São Bernardo do Campo: Anúbis, 2011. Psicografado por Evandro Mendonça.

CACCIATORE, Olga Gudolle. *Dicionário de Cultos Afro-brasileiros*. Rio de Janeiro: Forense Universitária, 1977.

CAMARGO, Adriano. *Rituais com ervas: banhos, defumações e benzimentos*. Rio de Janeiro: Livre Expressão, 2013. 2ª ed.

CAMPOS JR., João de. *As religiões afro-brasileiras: diálogo possível com o cristianismo*. São Paulo: Editora Salesiana Dom Bosco, 1998.

CARYBÉ. *Iconografia dos deuses africanos no Candomblé da Bahia*. São Paulo: Editora Raízes, 1980. (Com textos de Jorge Amado, Pierre Verger e Valdeloir Rego.)

CHEVALIER, Jean e GHEERBRANT, Alain (orgs.). *Dicionário de símbolos*. Rio de Janeiro: José Olympio, 2008. Tradução: Vera da Costa e Silva et al. 22ª ed.

CIPRIANO DO CRUZEIRO DAS ALMAS (Espírito). *O Preto Velho Mago: conduzindo uma jornada evolutiva*. São Paulo: Madras, 2014. Psicografado por André Cozta.

CONGO, Pai Thomé do (Espírito). *Relatos umbandistas*. São Paulo: Madras, 2013. Anotações por André Cozta.)

CORRAL, Janaína Azevedo. *As Sete Linhas da Umbanda*. São Paulo: Universo dos Livros, 2010.

_____. *Tudo o que você precisa saber sobre Umbanda* (volumes 1, 2 e 3). São Paulo: Universo dos Livros, 2010.

FAUR, Mirella. *Mistérios nórdicos: deuses, runas, magias, rituais*. São Paulo: Pensamento, 2007.

FERAUDY, Roger. (Obra mediúnica orientada por Babajianananda/PaiTomé.) *Umbanda, essa desconhecida*. Limeira: Editora do Conhecimento, 2006. 5ª ed.

D´IANSÃ, Eulina. *Reza forte*. Rio de Janeiro: Pallas, 2008. 4ª ed.

LEONEL (Espírito) e Mônica de Castro (médium). *Jurema das Matas*. São Paulo: Vida & Consciência, 2011.

LIMAS, Luís Filipe de. *Oxum: a mãe da água doce*. Rio de Janeiro: Pallas, 2007.

LINARES, Ronaldo (org.). *Iniciação à Umbanda*. São Paulo: Madras, 2008.

_____. *Jogo de Búzios*. São Paulo: Madras, 2007.

LOPES, Nei. *Enciclopédia brasileira da Diáspora Africana*. São Paulo: Selo Negro, 2004.

LOURENÇO, Eduardo Augusto. *Pineal, a glândula da vida espiritual – as novas descobertas científicas*. Limeira: Editora do Conhecimento, 2010.

MAGGIE, Yvonne. *Guerra de Orixá: um estudo de ritual e conflito*. Rio de Janeiro: Jorge Zahar Editor, 2001. 3ª ed.

MALOSSINI, Andrea. *Dizionario dei Santi Patroni*. Milano: Garzanti, 1995.

MARTÍ, Agenor. *Meus oráculos divinos: revelações de uma sibila afrocubana*. Rio de Janeiro: Bertrand Brasil, 1994. (Tradução de Rosemary Moraes.)

MARTINS, Cléo. *Euá*. Rio de Janeiro: Pallas, 2001.

_____. *Nanã*. Rio de Janeiro: Pallas, 2001.

MARTINS, Giovani. *Umbanda de Almas e Angola*. São Paulo: Ícone, 2011.

_____. *Umbanda e Meio Ambiente*. São Paulo: Ícone, 2014.

MARSICANO, Alberto e VIEIRA, Lurdes de Campos. *A Linha do Oriente na Umbanda*. São Paulo: Madras, 2009.

MOURA, Carlos Eugênio M. de (org). *Candomblé: religião do corpo e da alma*. Rio de Janeiro: Pallas, 2000.

_____. *Culto aos Orixás, Voduns e Ancestrais nas Religiões Afro-brasileiras*. Rio de Janeiro: Pallas, 2006.

MUNANGA, Kabengelê e GOMES, Nilma Lino. *Para entender o negro no Brasil de hoje: história, realidades, problemas e caminhos*. São Paulo: Global: Ação Educativa Assessoria, Pesquisa e Informação, 2004.

NAPOLEÃO, Eduardo. *Yorùbá – para entender a linguagem dos orixás*. Rio de Janeiro: Pallas, 2010.

NASCIMENTO, Elídio Mendes do. *Os poderes infinitos da Umbanda*. São Paulo: Rumo, 1993.

NEGRÃO, Lísias. *Entre a cruz e a encruzilhada*. São Paulo: Edusp, 1996.

OMOLUBÁ. *Maria Molambo na sombra e na luz*. São Paulo: Cristális, 2002. 10ª ed.

ORPHANAKE, J. Edson. *Os Pretos-Velhos*. São Paulo: Pindorama, 1994.

OXALÁ, Miriam de. *Umbanda: crença, saber e prática*. Rio de Janeiro: Pallas, 2007. 2ª ed.

PARANHOS, Roger Bottini (Ditado pelo espírito Hermes.). *Universalismo crístico*. Limeira: Editora do Conhecimento, 2007.

PIACENTE, Joice (médium). *Dama da Noite*. São Paulo: Madras, 2013.

_____. *Sou Exu! Eu sou a Luz*. São Paulo: Madras, 2013.

PINTO, Altair. *Dicionário de Umbanda*. Rio de Janeiro: Livraria Editora Eco, 1971.

PIRES, Edir. *A Missionária*. Capivari: Editora EME, 2006.

PORTUGAL FILHO, Fernandez. *Magias e oferendas afro-brasileiras*. São Paulo: Madras, 2004.

PRANDI, Reginaldo. *Mitologia dos Orixás*. São Paulo: Companhia das Letras, 2001.

RAMATÍS (Espírito) e PEIXOTO, Norberto (médium). *Chama crística*. Limeira: Editora do Conhecimento, 2004. 3ª ed.

_____. *Diário mediúnico*. Limeira: Editora do Conhecimento, 2009.

_____. *Evolução no Planeta Azul*. Limeira: Editora do Conhecimento, 2005. 2ª ed.

_____. *Mediunidade e sacerdócio*. Limeira: Editora do Conhecimento, 2010.

_____. *A Missão da Umbanda*. Limeira: Editora do Conhecimento, 2006.

_____. *Umbanda de A a Z*. Limeira: Editora do Conhecimento, 2011. (Org.: Sidnei Carvalho.)

_____. *Umbanda pé no chão*. Limeira: Editora do Conhecimento, 2005.

_____. *Vozes de Aruanda*. Limeira: Editora do Conhecimento, 2005. 2ª ed.

RIBEIRO, Darcy. *O povo brasileiro: a formação e o sentido do Brasil.* São Paulo: Companhia das Letras, 1995. 2ª ed.

RISÉRIO, Antonio. *Oriki Orixá.* São Paulo: Perspectiva, 1996.

RUDANA, Sibyla. *Os mistérios de Sara: o retorno da Deusa pelas mãos dos ciganos.* São Paulo: Cristális, 2004.

SAMS, Jamie. *As cartas do caminho sagrado.* Rio de Janeiro: Rocco, 2003. (Tradução de Fabio Fernandes.)

SALES, Nívio Ramos. *Búzios: a fala dos Orixás.* Rio de Janeiro: Pallas, 2005. 2ª ed.

SANTANA, Ernesto (Org.). *Orações umbandistas de todos os tempos.* Rio de Janeiro: Pallas, 2006. 4ª ed.

SANTOS, Orlando J. *Orumilá e Exu.* Curitiba, Editora Independente, 1991.

SARACENI, Rubens. *Rituais umbandistas: oferendas, firmezas e assentamentos.* São Paulo: Madras, 2007.

SELJAN, Zora A. O. *Iemanjá: Mãe dos Orixás.* São Paulo: Editora Afro-brasileira, 1973.

SILVA, Carmen Oliveira da. *Memorial Mãe Menininha do Gantois.* Salvador: Ed. Omar G., 2010.

SILVA, Vagner Gonçalves da. *Candomblé e Umbanda: caminhos da devoção brasileira.* São Paulo: Ática, 1994.

SOUZA, Leal de. *O Espiritismo, A Magia e As Sete Linhas de Umbanda.* Limeira: Editora do Conhecimento, 2008. 2ª ed.

_____. *Umbanda Sagrada.* São Paulo: Madras, 2006. 3ª ed.

SOUZA, Marina de Mello. *África e Brasil Africano.* São Paulo: Ática, 2008.

SOUZA, Ortiz Belo de. *Umbanda na Umbanda.* São Paulo: Editora Portais de Libertação, 2012.

TAQUES, Ivoni Aguiar (Taques de Xangô). *Ilê-Ifé: de onde viemos.* Porto Alegre: Artha, 2008.

TAVARES, Ildásio. *Xangô*. Rio de Janeiro: Pallas, 2002. 2ª ed.

VVAA. *Educação Ambiental e a Prática das Religiões de Matriz Africana*. Piracicaba, 2011. (cartilha)

VVAA. *Orientações e Ações para a Educação das Relações Étnico-Raciais*. Brasília: SECAD, 2006.

VVAA. *Plano Nacional de Desenvolvimento Sustentável dos Povos e Comunidades Tradicionais de Matriz Africana 2013-2015.* Brasília: Secretaria de Políticas de Promoção da Igualdade Racial, 2013.

VERGER, Pierre. *Orixás – deuses iorubás na África e no Novo Mundo*. Salvador: Corrupio, 2002. (Tradução de Maria Aparecida da Nóbrega.) 6ª ed.

WADDELL, Helen (tradução). *Beasts and Saints.* London: Constable and Company Ltd., 1942.

Jornais e revistas

A sabedoria dos Orixás – volume I, s/d.

Folha de São Paulo, 15 de julho de 2011, p. E8.

Jornal de Piracicaba, 23 de janeiro de 2011, p. 03.

Revista Espiritual de Umbanda – número 02, s/d.

Revista Espiritual de Umbanda – Especial 03, s/d.

Revista Espiritual de Umbanda – número 11, s/d.

Sítios na internet

http://alaketu.com.br
http://aldeiadepedrapreta.blogspot.com
http://answers.yahoo.com

http://apeuumbanda.blogspot.com
http://babaninodeode.blogspot.com
http://catolicaliberal.com.br
http://centropaijoaodeangola.net
http://colegiodeumbanda.com.br
http://comunidadeponteparaaliberdade.blogspot.com.br
http://espaconovohorizonte.blogspot.com.br/p/aumbanda-umbanda-esoterica.html
http://eutratovocecura.blogspot.com.br
http://fogoprateado-matilda.blogspot.com.br
http://umbandadejesus.blogspot.com.br
http://fotolog.terra.com.br/axeolokitiefon
http://jimbarue.com.br
http://juntosnocandomble.blogspot.com
http://letras.com.br
http://luzdivinaespiritual.blogspot.com.br
http://mundoaruanda.com
http://ocandomble.wordpress.com
http://ogumexubaraxoroque.no.comunidades.net
http://okeaparamentos.no.comunidades.net
http://opurgatorio.com
http://orixasol.blogspot.com
http://oyatopeogumja.blogspot.com
http://povodearuanda.blogspot.com
http://povodearuanda.com.br
http://pt.fantasia.wikia.com
http://pt.wikipedia.org
http://religioesafroentrevistas.wordpress.com
http://templodeumbandaogum.no.comunidades.net
http://tuex.forumeiros.com

http://xango.sites.uol.com.br
http://www1.folha.uol.com.br
http://www.brasilescola.com
http://www.desvendandoaumbanda.com.br
http://www.dicio.com.br
http://www.genuinaumbanda.com.br
http://www.guardioesdaluz.com.br
http://www.igrejadesaojorge.com.br
http://www.ileode.com.br
http://www.kakongo.kit.net
http://www.maemartadeoba.com.br
http://www.oldreligion.com.br
http://www.oriaxe.com.br
http://www.orunmila.org.br
http://www.pescanordeste.com.br
http://www.priberam.pt
http://www.religiosidadepopular.uaivip.com.br
http://www.siteamigo.com/religiao
http://www.terreirodavobenedita.com
http://www.tuccaboclobeiramar.com.br

O autor

Ademir Barbosa Júnior (Dermes) é autor de diversos livros e revistas especializadas, idealizador e um dos coordenadores do Fórum Municipal das Religiões Afro-brasileiras de Piracicaba.

Mestre em Literatura Brasileira pela Universidade de São Paulo, onde também se graduou em Letras, é autor de diversos livros. Mestre em Reiki, é tarólogo e numerólogo.

Umbandista, é filho do Templo de Umbanda Caboclo Pena Branca e Mãe Nossa Senhora Aparecida, em Piracicaba (SP). Terapeuta holístico, ex-seminarista salesiano, com vivência em casas espíritas, participa amorosamente do diálogo ecumênico e inter-religioso e mantém uma coluna sobre Espiritualidade no sítio Mundo Aruanda.

Coordenador Cultural do "Projeto Tambores no Engenho", desenvolvido pela Federação de Umbanda e Candomblé Mãe Senhora Aparecida e pelo Templo de Umbanda Caboclo Pena Branca e Mãe Nossa Senhora Aparecida, acredita que a postura mais interessante na vida é a de aprendiz. É membro da 1ª gestão do Conselho de Participação e Desenvolvimento da Comunidade Negra de Piracicaba, tendo participado da comissão responsável pela implementação do mesmo. Produziu os curtas-metragens "Águas da Oxum" (Adjá Produções/fora de catálogo); "Mãe dos Nove Céus" (Bom Olhado Produções), "Mãe dos Peixes, Rainha do Mar" (Bom Olhado Produções) e "Xangô" (Bom Olhado Produções).

Coordena o curso virtual "Mídia e Religiosidade Afro-brasileira" (EAD Cobra Verde – Florianópolis – SC). Em 2012 recebeu o Troféu Abolição (Instituto Educacional Ginga – Limeira, SP). Em 2013, o Diploma Cultura de Paz – Categoria Diálogo Inter-religioso (Fundação Graça Muniz – Salvador, BA). É presidente da Associação Brasileira de Escritores Afro-religiosos – Abeafro.

Outras publicações

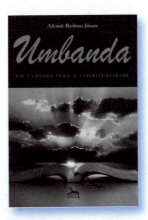

UMBANDA – UM CAMINHO PARA A ESPIRITUALIDADE
Ademir Barbosa Júnior (Dermes)

Este livro traz algumas reflexões sobre a Espiritualidade das Religiões de Matriz Africana, notadamente da Umbanda e do Candomblé. São pequenos artigos disponibilizados em sítios na internet, notas de palestras e bate-papos, trechos de alguns de meus livros.

Como o tema é amplo e toca a alma humana, independentemente de segmento religioso, acrescentei dois textos que não se referem especificamente às Religiões de Matriz Africana, porém complementam os demais: "Materialização: fenômeno do algodão" e "Espiritualidade e ego sutil".

Espero que, ao ler o livro, o leitor se sinta tão à vontade como se pisasse num terreiro acolhedor.

Formato: 16 x 23 cm – 144 páginas

Dúvidas, sugestões e esclarecimentos
E-mail: ademirbarbosajunior@yahoo.com.br

Distribuição exclusiva

www.aquarolibooks.com.br